Über dieses Buch

Das Erleben einer *Sternstunde* ist ein besonderer Glücksmoment und hat immer damit zu tun, dass man sich in seiner Persönlichkeit zutiefst bestätigt und ermuntert sieht. Das Tarot-Kartenlegen vermittelt dieses Erlebnis immer wieder. Die Karten wirken wie ein Spiegel, der unsere Talente und Chancen zeigt und uns immer wieder bestärkt.

Wie das am besten gelingt – davon handelt dieses Buch der Bestsellerautoren Evelin Bürger und Johannes Fiebig, zusammen mit der Hamburger Tarot-Beraterin Jutta Koch. Hier geht es um die Tageskarte, den Weg der Wünsche, um Monats- und Jahresziele und darum, wie Sie Ihren »Stern« erreichen.

Über die Autoren

Evelin Bürger und Johannes Fiebig haben rd. 1,5 Millionen Tarot-Bücher verkauft. Auf sie gehen viele der heutigen Standards der Tarot- und Symboldeutung zurück. So zum Beispiel die Doppel-Deutung für jedes Symbol, die »Tageskarte« und einiges mehr. Evelin Bürger und Johannes Fiebig leben in Kl. Königsförde am Nord-Ostsee-Kanal, nicht weit von Kiel.

Jutta Koch ist Tarot-Beraterin in Hamburg (www.tarotzeit.de) und wie Bürger und Fiebig Mitglied im *Tarot e.V.* und beim *Norddeutschen Tarot Treff* (www.tarotverband.de).

Dieses Buch gibt es in drei verschiedenen Ausgaben:
- für das Rider/Waite-Tarot (ISBN 978-3-89875-862-8)
- für das Crowley-Tarot (ISBN 978-3-89875-863-5) sowie
- universell/für alle Tarot-Sorten (ISBN 978-3-89875-866-6)

Evelin Bürger · Johannes Fiebig · Jutta Koch

Sternstunden mit Tarot

Ihr ganz persönlicher Weg zum Stern

FÜR ALLE TAROT-SORTEN

MIT EINEM ALBUM
VON 54 TAROT-DECKS

Königsfurt

Realisation des Buchs: Johannes Fiebig,
unter Mitwirkung von Evelin Bürger & Jutta Koch
sowie Harald Jösten (Tarot-Album)

Bibliografische Information der Deutschen Bibliothek
Die Deutsche Bibliothek verzeichnet diese Publikation in der
Deutschen Nationalbibliografie; detaillierte bibliografische
Daten sind im Internet über http://dnb.ddb.de abrufbar.

Texte, Abbildungen und Karten sind urheberrechtlich geschützt.
Weitere Reproduktionen nur nach Genehmigung durch den Verlag.

Originalausgabe
Krummwisch b. Kiel 2007
Copyright © 2007 by Königsfurt Verlags GmbH
D-24796 Krummwisch
www.koenigsfurt-urania.com

Abbildungen Umschlag: Altitalienisches Tarot / De Angelis Tarot /
Etteilla Tarot / Marseiller Universal Tarot, © Lo Scarabeo, Turin,
c/o Königsfurt Verlag.
Abbildungen Inhalt: s. Seite 160.
Redaktion: Martina Kloth, Claudia Lingnau-Lazar
Umschlag, Satz, Lithos: Stefan Hose, D-24357 Götheby-Holm
Printed in EU
ISBN 978-3-89875-866-6

Inhalt

Vorwort
7

Sternstunden mit Tarot
9

Tarot als Wegweiser
24

Wege zum Stern
107

Bonus
Tarot-Album
123

Die 78 Karten im Überblick

Große Arkana

I – Der Magier	24
II – Die Hohepriesterin	25
III – Die Herrscherin	26
IV – Der Herrscher	27
V – Der Hohepriester	28
VI – Die Liebenden	29
VII – Der Wagen	30
VIII – Gerechtigkeit/Kraft	31
IX – Der Eremit	32
X – Rad des Schicksals	33
XI – Kraft/Gerechtigkeit	34
XII – Der Gehängte	35
XIII – Tod	36
XIV – Mäßigkeit	37
XV – Der Teufel	38
XVI – Der Turm	39
XVII – Der Stern	40
XVIII – Der Mond	41
XIX – Die Sonne	42
XX – Gericht	43
XXI – Die Welt	44
0 (XXII) – Der Narr	45

Stäbe

Königin der Stäbe	48
König der Stäbe	49
Ritter der Stäbe	50
Page/Bube/Prinzessin der Stäbe	51
Ass der Stäbe	52
Zwei Stäbe	53
Drei Stäbe	54
Vier Stäbe	55
Fünf Stäbe	56
Sechs Stäbe	57
Sieben Stäbe	58
Acht Stäbe	59
Neun Stäbe	60
Zehn Stäbe	61

Kelche

Königin der Kelche	63
König der Kelche	64
Ritter der Kelche	65
Page/Bube/Prinzessin der Kelche	66
Ass der Kelche	67
Zwei Kelche	68
Drei Kelche	69
Vier Kelche	70
Fünf Kelche	71
Sechs Kelche	72
Sieben Kelche	73
Acht Kelche	74
Neun Kelche	75
Zehn Kelche	76

Schwerter

Königin der Schwerter	78
König der Schwerter	79
Ritter der Schwerter	80
Page/Bube/Prinzessin der Schwerter	81
Ass der Schwerter	82
Zwei Schwerter	83
Drei Schwerter	84
Vier Schwerter	85
Fünf Schwerter	86
Sechs Schwerter	87
Sieben Schwerter	88
Acht Schwerter	89
Neun Schwerter	90
Zehn Schwerter	91

Münzen/Pentakel/Scheiben

Königin der Münzen	93
König der Münzen	94
Ritter der Münzen	85
Page/Bube/Prinzessin der Münzen	96
Ass der Münzen	97
Zwei Münzen	98
Drei Münzen	99
Vier Münzen	100
Fünf Münzen	101
Sechs Münzen	102
Sieben Münzen	103
Acht Münzen	104
Neun Münzen	105
Zehn Münzen	106

Vorwort

> *»Jedes Leben steht unter*
> *seinem eigenen Stern«*
> *(Hermann Hesse)*

Der »Stern« ist eine der schönsten und anspruchsvollsten Karten des Tarot. Für viele Menschen ist der »Stern« eine Lieblingskarte. Schon in den ältesten Tarot-Karten, dem Visconti-Tarot, sehen wir einen Menschen, der seinen Stern ergriffen hat (s. Seite 11). Heute, im Zeitalter der Raumfahrt, bestimmen Sterne und »Stars« erst recht unser Leben.

Für jeden, der etwas sucht und vom Leben noch erwartet, ist der »Stern« ein Symbol der Hoffnung – der Hoffnung auf Verwirklichung seiner Wünsche und Träume, worin auch diese im einzelnen bestehen mögen. Die *Suche nach dem eigenen Stern* ist ein Thema für Millionen von Menschen. Tarot kann zum Erfolg dieser Suche vieles beitragen. Wie dies am besten gelingt – davon handelt dieses Buch.

Im ersten Teil (S. 9-21) geht es um das Erleben von Sternstunden. Das Erleben einer Sternstunde ist ein besonderer Glücksmoment und hat immer damit zu tun, dass man sich in seiner persönlichen Wahrheit zutiefst bestätigt und ermuntert sieht. Das Tarot-Kartenlegen vermittelt dieses Erlebnis immer wieder. Die Karten wirken wie ein Spiegel, der Ihnen Ihre Talente und Aufgaben zeigt und Sie immer wieder bestätigt und ermuntert.

Der zweite Teil des Buches (S. 22-106) bietet Deutungshilfen für das Kartenlegen. Dabei wird jede der 78 Karten auch unter dem Aspekt der Zielerreichung als Tages-, Monats- und Jahreskarte gedeutet.

Der dritte Teil (S. 107-122) zeigt von uns erprobte Wege zum Stern auf. Dabei gibt es einen ganz bestimmten Weg zum »Stern« jeweils von jeder Tarot-Karte aus, also auch von jeder Tages-, Monats- und Jahreskarte aus und so von jeder beliebigen Ausgangssituation im wirklichen Leben.

Was erreichen wir mit dem »Stern«? Das Tarot zeigt einen Menschen in seiner Brillanz, in strahlender Schönheit und unverhüllter Wahrheit. Seine Quellen sprudeln. Ein Bild der erfüllten Hoffnungen und Lebensträume! Allerdings warnt die Karte auch vor Selbstverliebtheit und vor seelischer Starrheit (jener anderen Seite des »Star«).

Wie auch immer die Karte »Der Stern« gestaltet ist, sie besagt im guten Sinne: Die Seele glänzt! Sie ist lupenrein. Weil die wesentlichen Wünsche und Ängste *geklärt sind!* Im negativen Sinne zeigt dieselbe Karte jedoch selbstverlorene, fixierte oder vergeudete Gefühle.

Der Weg zum »Stern« ist daher nicht zuletzt auch ein Weg in die Tiefe (die Reihenfolge der Großen Karten führt über den »Teufel« und den »Turm« zum »Stern«). Wie schon die alten Römer sagten: *per aspera ad astra*, das heißt durch das Raue zu den Sternen, durch die Lösung der Aufgaben und der Mühen des Lebens zu persönlichem Glanz und persönlicher Wahrheit!

Bewusst wurde bei den Deutungen der einzelnen Karten auf Abbildungen verzichtet: Denn die Deutungstexte verstehen sich als UNIVERSAL gültig für (fast) alle Tarot-Sorten. Die Abbildungen im Schlussteil stammen aus einer spanischen Variante des Tarot de Marseille; sie dienen nur als Beispiele. Ersetzen Sie sie durch die Bilder aus Ihrem persönlichen Lieblingsdeck! Im Anhang finden Sie dann – als Bonus – ein Tarot-Album mit einigen der besten Tarot-Decks der Welt.

Entstanden ist dieses Buch aus unserer Zusammenarbeit im Tarot e.V., speziell bei den »Norddeutschen Tarot Treffs« in Kiel und Hamburg. Seit vielen Jahren bestimmt »Tarot als Wegweiser zu persönlichen Sternstunden« außerdem die Arbeit von Jutta Koch in ihrer Beratungspraxis »TarotZeit« in Hamburg.

Mit Dank widmen wir dieses Buch Hajo Banzhaf, begleitet mit den besten Wünschen, dass ihm und uns allen der »Stern«, seine Lieblingskarte, auch in schweren Stunden leuchte.

»Der Stern« ist eine Vision, die alle verbindet, die in irgendeiner Weise auf dem Weg sind: *people in motion* – Menschen in Bewegung – auf dem Weg zu einer »Gesellschaft von Stars« …

Kiel und Hamburg, Herbst 2007
Evelin Bürger, Johannes Fiebig, Jutta Koch

Sternstunden mit Tarot

Was wir als »Sternstunde« empfinden, ist immer sehr eindrücklich und sehr beglückend – im Inhalt jedoch recht unterschiedlich. Für den einen ist es die Verabredung zu einem romantischen Abend, für den anderen eine freie Stunde inmitten eines mit Terminen gefüllten Tages. Ein bestandenes Examen kann sich ebenso als »Sternstunde« ins Gedächtnis einprägen wie zum Beispiel die Rückkehr nach langer Zeit an den Ort der Kindheit.

Gemeinsam ist jeder Sternstunde, dass etwas Bedeutendes geschieht – etwa dass ein wichtiger Traum Wirklichkeit wird, dass ein Albtraum endet oder dass man sich in anderer Weise berührt und tief bestätigt fühlt. Dass Dinge, die vorher fast unerreichbar waren – nur ein Schimmern in der Nacht –, nun greifbar werden und den Tag bestimmen. Nehmen wir ein allgemeines Beispiel: Seit der Antike träumten die Menschen davon, fliegen zu können. Im 20. Jahrhundert wurde dies Wirklichkeit. Eine Sternstunde der Menschheit[1].

Sternstunden handeln von den richtigen Träumen und ihrer Verwirklichung oder – nicht minder wichtig – vom Abschied von falschen Träumen, so oder so von leuchtenden und prägenden Ereignissen, die weit über den jeweiligen Tag hinausstrahlen.

Die Symbolik der Karte »Der Stern«

Die Symbolik der Karte zeigt uns den Weg zum »Stern«. In den meisten Bildversionen sehen wir eine unverhüllte, nackte Frau. Sie trägt zwei Wasserkrüge, aus denen reichlich Wasser fließt, sowohl auf die grüne Erde als auch zurück ins Wasser. Meist acht Sterne sind zu sehen. Ein großer und sieben kleine Sterne, die an Kristalle und Diamanten erinnern.

Im positiven Sinne zeigt sich hier ein Mensch, der seinen Platz in der Welt gefunden hat, der buchstäblich seinen Anteil an der Schöpfung begreift (die Wasserkrüge, mit denen wir Wasser *schöpfen*, als Symbol für das Prinzip der Schöpfung).

Die Nacktheit der Bildfigur steht für die unverhüllte Wahrheit. In der Symbolkunde ist dies zugleich der Begriff der Schönheit: Ein

Mensch ist schön, der sich in seiner wahren Natur, eben in seiner persönlichen Wahrheit verstanden und erkannt hat.

Der Fuß der Bildfigur ruht in manchen Darstellungen auf dem Wasser, und Wasser bedeutet Seele, das Seelenleben, die Emotionen, den Glauben und die Spiritualität. Die Karte warnt damit vor einem Verharren auf der Oberfläche der Gefühle und des Glaubens. Zugleich ermuntert sie uns mit demselben Bild dazu, so weit und so lange unseren Wünschen und Visionen nachzugehen, bis sich die Spreu vom Weizen trennt (»die guten ins Töpfchen, die schlechten ins Kröpfchen«: auch für eine solche Sortierung und Aufhebung von Emotionen und Bedürfnissen stehen die beiden Krüge).

Man muss das Wasser *filtern*, bis es *klar* wird – bis also deutlich wird, welcher Glaube hilft und welcher in die Irre führt, welche Gefühle uns gut tun und welche uns schaden. Dann wird die Seele zum Diamanten, zum kostbaren, strahlenden, gehärteten und doch reinen und transparenten Kern eines Menschen. Das zeigt die Karte im positiven Sinne und macht sie zu einem Symbol der Schönheit und der Wahrheitsliebe, der erregenden Suche und der beruhigenden Klärung.

»Der Stern« als Wegweiser

»Man muss noch Chaos in sich haben, um einen tanzenden Stern gebären zu können«, befand Friedrich Nietzsche. Solange wir den eigenen »Stern« aber noch nicht gefunden oder geboren haben, ist vieles in unserem Leben *nicht* in Ordnung und *nicht* schön!

Wer das Chaos nur als Durcheinander und nicht als Teil der Suche begreift, fühlt sich häufig verunsichert, vielleicht sogar tief verunsichert. Doch der »Stern« wartet auf jeden von uns. Er wartet, und keiner kann ihn uns wegnehmen. Denn jeder findet nur den Weg zu *seinem* »Stern«.

Das einzig Schlimme, das geschehen kann, ist, dass unser »Stern« auf uns wartet und wir nicht zu ihm gehen. Weil wir unseren Träumen zu wenig zutrauen oder weil wir zu wenig Mut haben. Oder weil wir nicht wissen, wohin oder wie wir gehen sollen.

Hier bieten sich Tarot (und andere Symbolsprachen wie Traumdeutung, Märchendeutung oder die Astrologie – letztere trägt den »Stern« sogar in ihrem Namen) als unaufdringliche Hilfe an.

Schönheit der Schöpfung

Sie tragen und Sie begreifen das Gefäß, das Sie selbst sind! Krüge und Kelche symbolisieren seelische Bedürfnisse, Wünsche und Ängste. So verstanden, trägt, erfasst und begreift die Bildfigur eben diese Gefühle und Bedürfnisse.

So können auch Sie Ihren Geist, all ihre Kraft und ihre Aufmerksamkeit dazu einsetzen, die Wasser des Unbewussten aufzuheben, wie es die Frau mit den beiden Krügen demonstriert.

Eine alte Vorstellung besagt außerdem, dass der Mensch selbst ein Gefäß in der Hand Gottes ist – ein Gefäß, das sich im Laufe seiner Lebensdauer füllt und leert, das den Anteil eines Einzelnen am großen Strom des Lebens symbolisiert.

So geht es hier zusammen mit der Filterung und Klärung der persönlichen Bedürfnisse auch um den eigenen Anteil an der Schöpfung. Zu verstehen, wo man hingehört, worin der eigene Beitrag zur Weiterentwicklung der Schöpfung bestehen kann, ist eine der schönsten Bedeutung dieser Karte.

Wir werden uns unserer kosmischen Natur bewusst (und *Kosmos* heißt wörtlich sowohl *Schmuck/Schönheit* wie auch *Ordnung*)!

»Der Stern« im Visconti Tarot: Träume werden Wirklichkeit.

Wenn Sie in eine fremde Stadt reisen, brauchen Sie einen Stadtplan oder eine Landkarte (keine Tarot-Karte). Wenn Sie aber wissen wollen, ob diese Reise sich für Sie lohnt, wenn Sie sich neuen seelischen Erfahrungen öffnen wollen, so helfen Ihnen die Tarot-Karten wie ein Wegweiser, wie eine Orientierungshilfe für Herz und Verstand.

Für die Suche nach dem eigenen Stern bietet das Tarot ein ganzes Instrumentarium an, und davon soll auf den folgenden Seiten die Rede sein.

So erleben Sie Sternstunden mit Tarot:
- die eigene Betroffenheit erfahren und erkunden
- die Betroffenheit deuten
- einen eigenen Entwurf wagen, persönliche Ziele festlegen und die nächsten Schritte dazu tun
- Ergebnisse überprüfen und aus Erfahrung lernen

Sternstunden erleben

Die eigene Betroffenheit erfahren

Selbst Tarot legen. Man kann nicht für andere in den Spiegel schauen. Jeder muss Tarot selbst entdecken. »Zum Kartenlegen brauchst du Mut«, erklärte Luisa Francia, »den Mut, die Karten als das zu sehen, was sie in dir auslösen«.

Die Tageskarte. Sie stellt ein Tagesthema für Sie da. Eine Station des Tarot, eine bestimmte Symbolik oder Thematik wird damit wie durch ein Vergrößerungsglas für den betreffenden Tag besonders hervorgehoben.

Die ideale Übung für *Neulinge:* Sie lernen die Tarot-Karten peu à peu und in steter Verbindung mit dem eigenen Erleben kennen.

Und für *Fortgeschrittene* ist und bleibt die Tageskarte eine der wichtigsten Übungen, weil das Wechselspiel wandelnder Sichtweisen für die Karten und die einzelnen Symbole besonders deutlich wird, wenn Sie sich regelmäßig mit Tarot beschäftigen.

Die Lieblingskarte. Diese Karte wird nicht gezogen, sondern ausgesucht. Welche Karte finden sie am besten? Welche Karte ist im Moment Ihr Liebling?

Der Sinn der Übung: Man achtet darauf, welche Wünsche und Interessen im jeweiligen Augenblick im Brennpunkt stehen. Diese Fragestellung, nämlich die genauere Berücksichtigung der persönlichen Wünsche (und Ängste), stellt den roten Faden der selbständigen Beschäftigung mit Tarot dar.

Die Persönlichkeitskarte. Dazu wird aus den Ziffern Ihres Geburtsdatums die Quersumme gebildet: Zum Beispiel 8. 9. 1963 ergibt: $8+9+1+9+6+3 = 36$. Liegt diese Summe bei einer Zahl zwischen 1 und 21, so ist die Große Karte aus Ihrem Spiel, die die gleiche Zahl trägt, die zugehörige Persönlichkeitskarte. (*Große Karten* erkennt man daran, dass sie Ziffer *und* Untertitel tragen.) Ist zum Beispiel die Quersumme = 19, so ist die entsprechende Persönlichkeitskarte XIX-*Die Sonne*.

Beträgt die errechnete Quersumme 22, so gilt die 22. Große Karte – das ist »Der Narr« – als betreffende Persönlichkeitskarte.

Liegt die Quersumme jedoch, wie im obigen Beispiel, bei 23 oder höher, so müssen Sie aus der errechneten Quersumme noch einmal die Quersumme ziehen. Zum Beispiel ergibt dann 36 als weitere Quersumme $3 + 6 = 9$; die Große Karte mit der gleichen Ziffer ist nun die zutreffende Persönlichkeitskarte, in diesem Beispiel IX-*Der Eremit*.

Die Wesenskarte. Manche Autoren unterscheiden zusätzlich zwischen Persönlichkeits- und *Wesenskarte*. Falls die Quersumme aus dem Geburtsdatum eine Zahl über 9 ergibt, zieht man daraus ein weiteres Mal die Quersumme und erhält die Wesenskarte (zum Beispiel: Persönlichkeitskarte ist die 14, daraus ziehen wir die die Quersumme 5, und entsprechend ist die Karte V-*Der Hierophant* die Wesenskarte oder der Kern).

Die Schattenkarte. Für viele Deuter ist der »Narr« nicht nur eine Anfangskarte, sondern auch die 22. Große Karte, also *die* Karte der Ganzheit und der großen Vollendung. Gemessen daran, ergibt sich als Schattenkarte die *Differenz* zwischen Ihrer Persönlichkeitskarte und dem »Narr« (zum Beispiel Persönlichkeitskarte ist die 14, die Differenz zum »Narr« ist gleich $22 - 14 = 8$, die Große Karte Nr. VIII ist Ihre Schattenkarte, sie bezeichnet den Schatten, das Unbewusste, das es zu erhellen gilt, um die eigene Persönlichkeit zu vollenden).[2]

Legen Sie sich eine Tarot-Auslage.
- Mischen Sie die Karten, wie Sie es gewohnt sind.
- Legen Sie nach einem Legemuster aus, das Sie zuvor ausgewählt haben. Sie können auch eigene Legemuster entwerfen.
- Ziehen Sie die Karten, wie Sie es gewohnt sind. Legen Sie sie verdeckt in Form des Legemusters vor sich hin.
- Alles, was während einer Kartenbefragung geschieht, kann zum Inhalt der gesuchten Antwort gehören. Anders gesagt: Die Deutung einer Karte spielt sich nicht nur in Ihrem Innern ab, sondern auch in dem und durch das, was um Sie herum geschieht!
- Die Antwort auf Ihre Frage geben *alle* Karten einer Auslage zusammen.

Zwei empfehlenswerte Standard-Auslagen

1 – Aktuelle Situation.
2 – Vergangenheit oder das, was schon da ist.
3 – Zukunft oder das, was neu zu beachten ist.

1 – Schlüssel oder Hauptaspekt.
2 – Vergangenheit oder das, was schon da ist.
3 – Zukunft oder das, was neu zu beachten ist.
4 – Wurzel oder Basis.
5 – Krone, Chancen, Tendenz.

»Der Stern«

1 – Wo Sie stehen
2 – Ihre Aufgaben
3 – Ihre Schwierigkeiten
4 – Ihre Stärken
5 – Ihr Ziel, die Lösung.

»Das Pentagramm«

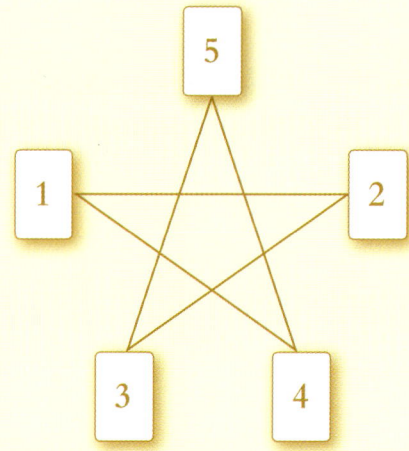

1 – Da kommen Sie her
2 – Dort gehen Sie hin
3 – Das fällt Ihnen schwer
4 – Das macht Ihnen Sinn
5 – Das bedeutet viel: Ihr großes Ziel.

Sternstunden erleben
Die Betroffenheit deuten

Die Bedeutung eines Symbols setzt sich aus vielen *Komponenten* zusammen. Die *beiden wichtigsten:*

Ihre persönliche Betroffenheit durch die betreffende Thematik. Ihre Assoziationen, Ihre Einfälle, Ihre spontanen Gedanken beim Betrachten der Karte – all dies bildet die *persönliche Komponente*.

Der zweite Teil besteht in der *kulturellen Komponente* – diese umfasst alle überlieferten und aktuellen Bedeutungen und Zusammenhänge des betreffenden Symbols.

Die Kenntnis der kulturellen Vielfalt eines jeden Symbols schützt uns vor voreiligen Schlüssen und Einbildungen. Die persönliche Komponente bringt eben die eigenen Bedürfnisse zum Ausdruck und verhilft möglicherweise zu neuen Deutungen.

Um *gut* zu deuten, sollten Sie die Karten (und sich selbst während des Kartenlegens) aufmerksam beobachten. Und Sie sollten Kenntnisse im »Handwerkszeug« besitzen.

Handwerkszeug für die selbständige Deutung – Teil 1: Stäbe, Kelche, Schwerter und Münzen/Scheiben.

- **Stäbe – Triebe und Taten.**
  Stäbe vertreten das Element Feuer. *Feuer* bedeutet Lebensfeuer, Lebensenergie, Begeisterung und Lebendigkeit. In der Natur sind es vor allem die Sonne, Feuer aller Art und Blitze, die die Kraft des Elements Feuer zur Geltung bringen. Im menschlichen Verhalten verleihen besonders die Daseinsfreude, der Wille und die Intuition der Feuerkraft Ausdruck.

  Weitere Merkmale des Elements Feuer: Lebenslust und Selbstbehauptung, Trieb-, Zeugungs-, Schaffens- und Gestaltungskraft, Einsatzbereitschaft und Macht, Aggression und Durchsetzungsvermögen. Charakteristisch für das Element Feuer sind Entschlüsse und Taten. Schwierige Situationen (»Feuerproben«) werden gemeistert, indem man etwas tut: »Es muss etwas geschehen«. Schlüsselbegriff ist der Wille. Praktisch geht es bei einer Stab-Karte als erstes darum, dass Sie etwas tun oder geschehen lassen. Auf die Bewegung und die Tat kommt es an.

- **Kelche – Gefühle und Bedürfnisse.**
  Kelche vertreten das Element Wasser. *Wasser* bedeutet Lebenselixier, Fülle und Leere, Seele und Seligkeiten. In der Natur bringen der Mond sowie Gewässer jeder Art die Kraft des Elements Wasser zum Ausdruck. Im menschlichen Verhalten sind es vor allem das Gefühlsleben, die persön-

lichen Bedürfnisse und Leidenschaften sowie der Glaube.

Weitere Merkmale des Elements Wasser sind Selbstgefühl, Mitgefühl, Träume, Stimmungen und Ahnungen. Charakteristisch für das Element Wasser sind Offenheit und Hingabe. Schwierige Situationen (»sich freischwimmen müssen«) werden gemeistert, indem man die Gefühle prüft: »Auf die richtige Einstellung kommt es an.« Schlüsselbegriff ist die Seele. Als erstes geht es praktisch darum, die Gefühle *fließen* zu lassen und die persönlichen Bedürfnisse zur Geltung zu bringen.

- **Schwerter – Waffen des Geistes**
Schwerter vertreten das Element Luft. *Luft* bedeutet menschliche Atmosphäre, Lebensgeister, geistige Energie und Gedankenwelt. In der Natur sind es der Luftraum und die Erdatmosphäre und im Übrigen die Sterne (die durch die irdischen Luftschichten erst für uns funkeln), welche die Kraft des Elements Luft zur Geltung bringen. Im menschlichen Verhalten sind es besonders Denken, Wissen und Urteilskraft, Bewusstheit und Intelligenz, die diesem Element entsprechen.

Weitere Merkmale des Elements Luft: Geistesgegenwart und Gedankenkraft, Begriffe, Werte und Beurteilungen, ästhetische Maßstäbe und Mitteilungskünste. Charakteristisch für das Element Luft: Erkenntnisse und Entscheidungen. Schwierige Situationen (»harte Nüsse«) werden gemeistert, indem man die erforderlichen Lernprozesse bewältigt: »Jetzt ist es klar«. Schlüsselbegriff ist hier der Geist. Praktisch geht es vor allem darum, geistige und gedankliche Klarheit herzustellen. Die »Waffen des Geistes« wollen genutzt werden: *Nur ein ungenutzter Geist verschleißt!*

- **Münzen/Scheiben – Werte und Talente.**
Münzen vertreten das Element Erde. *Erde* bedeutet Materie, Stoff, körperliches Leben und Lebenszyklen, insgesamt die materiellen Lebensverhältnisse. In der Natur ist selbstredend die Erde, auf der und von der wir alle leben, Inbegriff der Erdkräfte. Gemeint ist dabei sowohl die Erdkugel als Ganzes wie auch die Erde im Sinne von einzelnen ihrer Stoffe, wie Lehm, Sand, Stein usw. Im menschlichen Verhalten drücken sich die Kräfte des Elements Erde vor allem in körperlichen Empfindungen und Wahrnehmungen, in praktischen Fähigkeiten, angewandten Talenten und genutzten Chancen aus.

Weitere Merkmale des Elements Erde: Bodenständigkeit, Praxisbezogenheit, Lebenserhaltung, Fruchtbarkeit und Natürlichkeit. Charakteristisch für das Element Erde sind Produkte – Ergebnisse, Fakten und Definitionen. Schwierige Situationen (»Belastungstests«) werden gemeistert, indem man für etwas eine feste Form schafft: »Auf die Ergebnisse kommt es an«. Schlüsselbegriff ist der Körper. Praktisch geht es hier als erstes darum, dass bestimmte *Ergebnisse* geschaffen werden. Die »Talente« wollen vermehrt werden.

Handwerkszeug für die selbständige Deutung – Teil 2: Die »Großen Stationen des Lebens«.

Hier gibt es keinen Generalschlüssel, keinen Passepartout, wie ihn die *vier* Elemente für die »kleinen Karten« darstellen. Hier geht es jedes Mal darum, sich einen Reim auf »Liebe, Tod und Teufel« zu machen – und die persönliche Quintessenz für jede der »Großen Karten« zu formulieren.

Dabei helfen jedes Mal u. a. folgende Fragestellungen[3]:

- »*Was hat die dargestellte Situation einmal früher oder traditionell bedeutet?* (z. B. Karte »V-Der Hierophant«: Papst oder Hohepriester)
- *Was bedeutet die frühere oder traditionelle Bildgestalt heute?*
  (z. B. Karte »V-Der Hierophant«: Bedeutungsverlust für Kirchen und religiöse Institutionen; Suche nach persönlicher Orientierung)
- *Was bedeutet die Bildgestalt für Sie?* (z. B. Karte »V-Der Hierophant«: Suche nach dem eigenen »Petrus«, dem Fels in der Brandung, nach dem inneren Rückhalt; nach dem Schlüssel zu den verborgenen Seiten der eigenen Person usw.)«

Handwerkszeug für die selbständige Deutung – Teil 3: Die Doppeldeutung.

Eines der markantesten Beispiele ist das *Doppelgesicht* der kleinen Frau im Bild der »sechs Kelche« (vgl. S. 112).

Die kleine Frau nimmt eine doppelte Haltung ein. Einmal schaut sie weg (das Gelbe ist dann ihr Gesicht, links und rechts umgeben vom rotorangen Kopftuch). Ein andermal sieht sie zu dem Männlein hin (das Gelbe ist jetzt ihr Zopf, links davon ihr Gesicht und rechts davon ihr Kopftuch). Beide Blickrichtungen sind wichtig. Meistens fällt uns spontan nur *eine* Blickrichtung bei dieser Karte auf, entweder die zugewandte oder die abgewandte.

Jede Tarot-Karte kann als ein Vexierbild verstanden werden, das unterschiedliche Sichtweisen präsentiert. Ausnahmslos *jede* Karte bietet »positive« *und* »negative« Ansichten.

Handwerkszeug für die selbständige Deutung – Teil 4: Selbständigkeit ist Trumpf: Selber deuten heißt, selbst etwas zu bedeuten

Die heilsame und scheinbar magische Wirkung des Tarot liegt in der Arbeit mit dem »Zufall«, in der Auseinandersetzung mit Werten und Leitbildern sowie in der persönlichen Erkundung von Erfahrungen und Möglichkeiten. Jedem Menschen zeigen die Karten ein Abbild seiner Gedanken und Gefühle, seiner Aufgaben und Glücksmöglichkeiten.

Die Karten wirken wie ein Spiegel, sie sind ein persönliches Angebot. Kein Mensch kann wirklich *für* einen anderen in den Spiegel schauen, so wie auch keiner für einen anderen dessen Leben leben kann. *Mit* anderen – ja, aber nicht für andere.

Wer selber deutet, lernt und erreicht am meisten – denn er oder sie bringt von Anfang die eigene Bedeutung mit ins Spiel.

Sternstunden erleben
Einen eigenen Entwurf wagen
»Der Weg der Wünsche«

1 – Ausgangslage, Ist-Situation
2 – Ziel, Wunsch-Situation
3 bis 5 – Brücke/Weg von 1 nach 2

Bei dieser Auslage werden die Karten nicht gezogen, sondern ausgesucht. Insgesamt benötigen Sie fünf Karten. Zuerst eine für das, was ist. Wählen Sie mit Ruhe und Konzentration ein Bild für Ihre momentane Situation. Dann finden Sie eine für das, was sein soll, das heißt für das, was Sie sich wünschen. Wenn dann diese beiden Karten vor Ihnen liegen, schieben Sie diese auseinander und suchen Sie drei weitere Karten aus, die als Verbindungsstück, als Brücke dienen können, um von dem, was ist, zu dem gewünschten Ziel zu gelangen. Achten Sie bei der Auswahl darauf, dass es eine tragfähige Brücke wird und dass Sie auf der anderen Seite ankommen. Zum Schluss betrachten Sie die Karten durchgängig als einen Weg und ziehen die Quersumme.

Sternstunden erleben
Aus Erfahrung lernen

So richtig voran kommen wir auf dem »Weg der Wünsche«, wenn wir uns der Erfüllung der wichtigsten Wünsche und der Aufhebung wesentlicher Ängste widmen, der eigenen wie der fremden!

Monats- und Jahreskarten helfen dabei! Sie werden wie Tageskarten gezogen (s. S. 12). Oder man legt sich eine größere Auslage nach eigener Wahl für einen Monat oder ein Jahr. Monats- und Jahreskarten eignen sich optimal zur Überprüfung, wo man steht, wie weit man gekommen ist und wie es weitergeht.

Wir tragen bestimmte Wünsche in uns, die zu wichtig sind, als dass sie einfach untergehen dürften. Und wohl jeder besitzt gewisse Ängste, die zu belastend sind, als dass er sie ewig mit sich schleppen sollte. Eine glückliche Lösung für diese Ziele erreichen wir, wenn wir aus Erfahrungen lernen, aus eigenen und aus fremden.

Wir können und müssen unsere Wünsche, Ängste, Ideale und Ansprüche immer wieder durchspielen – sortieren und filtern, wie es die »Sternenfrau« mit ihren Krügen tut.

Die Aufgabe und der Lohn bestehen darin,
- sinnvolle Wünsche zu verstehen und zu erfüllen
- sinnlose Wünsche zu erkennen und sich abzugewöhnen
- berechtigte Ängste ernst zu nehmen und Vorsorge zu treffen
- unberechtigte Ängste loszulassen.

Dieser »Weg der Wünsche« ist nicht immer leicht. Doch es gibt keinen besseren Weg zum »Stern«.

Die Erfüllung der Wünsche und die Aufhebung der Ängste ist *der* rote Faden im Umgang mit Tarot (wie mit jeder anderen Symbolsprache). Solange sie auf diesem Weg vorankommen, hat sich Ihre Beschäftigung mit den Tarot-Karten (oder einer anderen Symbolsprache) für Sie immer gelohnt.

In dem Maße, wie Ihnen Ihre Wünsche und Ängste *klarer* werden, werden Sie als *Stern* neugeboren.

Lernaufgaben

(Die folgenden Fragen können Sie durchlesen und mündlich oder schriftlich für sich beantworten; es ist auch möglich, zu jeder Frage eine Tarot-Karte zu ziehen.)

Wünsche und Ängste
Wenn ich meine Erfahrungen betrachte ...
  1 – Was habe ich erfahren?
  2 – Worauf kann ich mich verlassen?
  3 – Welche Früchte sind reif?
  4 – Welche Resultate fehlen mir noch?
  5 – Welche Wünsche machen mich stark?
  6 – Und welche schwächen mich?
  7 – Welchen Ängsten will ich mich stellen?
  8 – Und welchen besser ausweichen?
  9 – Welche Ziele haben sich bewährt,
10 – ... und welche nicht?
11 – Wo liegen meine Hindernisse, was passt nicht mehr zu mir?
12 – Wo finde ich Unterstützung?
13 – Wie kann meinen Wünschen Nachdruck verleihen?

Tarot als Wegweiser
Die großen Arkana

I-Der Magier

Einzigartigkeit. *It's a kind of magic!* Auch in Ihnen steckt ein Zauberer oder eine Zauberin: Der Zauber der Einmaligkeit, der Individualität und des eigenen Daseins!

Als Magier/in gelingen Ihnen auf Ihrem Lebenswege Wunder, die für Sie ganz natürlich sind, so wie andere Menschen auf ihrem Weg Zauberhaftes vollbringen, das für Sie immer unerreichbar bleiben werden, weil deren Weg nicht Ihrer ist.

»Gehe nicht in den Fußstapfen der Meister. Suche, was sie suchten« (Zen-Spruch). Diese Karte ist den *einzigartigen* Möglichkeiten gewidmet, die sich Ihnen wie jedem Menschen bieten. Alle Elemente, Himmel und Erde, Idee und Ereignis, Wunsch und Wirklichkeit treten dabei in ein besonderes, fruchtbares, persönliches Spannungsverhältnis.

Als Tageskarte: Der mächtigste magische Schlüssel ist der *vielfältige Unterschied*, den das eigene Dasein in der Welt macht… und die Suche danach, solange und immer wenn dieser Selbstwert unklar oder verborgen ist. Solange der Weg der Individualität nicht beschritten wird, erscheint manches »wie verhext«. Wir sind dann wie die Blitzableiter – ein »Kanal« (channel) oder ein »Medium« – nur Handlanger für Kräfte, die unbewusst in uns schlummern.

Als Monatskarte: Es gibt keine »übersinnlichen« Kräfte, aber eine Entwicklung von Sinn und Sinnen bis hin zur vollen Blüte. Diese geht über landläufige Vorstellungen weit hinaus. Die größte persönliche Zauberkraft liegt im verwirklichten *Sinn* der eigenen Existenz.

Als Jahreskarte: Die Zahl Eins ist unter den Zahlen, die im Tarot vorkommen, nicht teilbar. »Unteilbar« aber heißt lateinisch *individuum*. – Wenn Sie mit dieser Karte Probleme haben, dann entweder weil Ihre Individualität zu kurz kommt und Sie Ihre persönliche Einzigartigkeit mehr betonen sollten. Oder weil Sie diesen Unterschied überbewerten und mehr Verständnis für die verbindenden, gemeinsamen Merkmale aller Lebewesen aufbringen sollten.

Praxistipp: Entdecken Sie, wo und wie Sie die Dinge auf eine eigene Weise sehen, und welche Möglichkeiten sich daraus ergeben!

Ihr Weg zum Stern ist »Der Turm« (I + XVI = XVII).

II-Die Hohepriesterin

Eigen-Sinn. Diese Karte betrifft die Stimme der Seele und die Kraft eines Bewusstseins, das aus dem Sein (aus der Existenz, aus dem Wesen, nicht aus bloßer Theorie) entspringt. Sie ist auch ein Sinnbild dafür, dass *Sie* zuerst und zuletzt Ihr eigener Ratgeber (Ratgeberin) sind.

Wie Sonne und Mond, so unterscheiden und ergänzen sich Tagesbewusstsein und seelische, innere Stimme. Die Sprache der Seele hat oft keine Worte, sondern Bilder; sie entwickelt eine eigene Meinung, aber scheut ein allgemeines Urteil. Lernen Sie den Wert *beider* Stimmen (Mond und Sonne) zu schätzen und anzuwenden.

Viele Bilder stellen die *Hohepriesterin* mit einem heiligen Buch dar. Sie liest im Lebensbuch der Erfahrung, im »Drehbuch« (Script) des eigenen Seins und symbolisiert damit die Seele, die buchstäblich den Eigen-Sinn erkennt und formuliert. Jedes Wesen besitzt einen eigenen Sinn, einen eigenen Wachstumsplan. Im Unterschied zu Tier und Pflanze besitzt der Mensch dabei Freiheit gegenüber Instinkten und vegetativen Vorgängen. So stellt die *Hohepriesterin* auch die Frage, wie bewusst Sie mit Gefühlen, Bedürfnissen und Stimmungen umgehen.

Als Tageskarte: Unpersönliche Rezepte oder Orakel helfen nicht weiter. Das Geheimnis der *Hohepriesterin* ist der *Eigen-Sinn*. Richten Sie sich einen Raum ein, einen Geltungsbereich, in dem sich Ihre Stimme und Ihre Stimmung entfalten und produktiv äußern können.

Als Monatskarte: Ihr Ziel – Ihr Weg ins Allerheiligste, das die Bewertungen von Gut und Böse (Weiß und Schwarz) zwar voraussetzt, aber in sich aufhebt und fruchtbar macht. Der spontane Eigensinn geht verloren und verwandelt sich in den erfahrenen Sinn des Eigenen.

Als Jahreskarte: Solange Sie sich vom eigenen Sinn entfernen, wächst die Sterilität des Lebens. Sobald Sie aber Ihr Bewusstsein nutzen, um (sich) den Sinn des Eigenen klarzumachen, kehren Sie zu Ihren Wurzeln zurück und schaffen die Grundlage für ein erfülltes Leben, reich an Früchten.

Praxistipp: Wagen Sie es, zu weinen, zu schreien und zu singen.

Ihr Weg zum Stern ist »Der Teufel« (II + XV = XVII).

III-Die Herrscherin

Die eigene Natur. Vielfältige Assoziationen zum Thema Fraulichkeit und Weiblichkeit werden hier geweckt – lassen Sie sich darauf ein! Jeder Mensch benutzt die Wörter Frau, Freundin oder Mutter; doch der Inhalt, der mitschwingt, ist jedes Mal verschieden (und typisch).

Manchmal werden sogar die Frauen wichtig, die im eigenen Leben *nicht* existieren. Wer etwa nie eine Schwester gehabt hat, gelangt vielleicht dahin, sich dies als besondere Erfahrung – als Manko und als Chance – bewusst zu machen. Die Chance besteht darin, als Erwachsene/r Beziehungen bewusster einzugehen: sich statt der angeborenen Blutsverwandten selbst gewählte Geschwister, eben Wahlverwandte, auszusuchen.

Als Symbol steht die *Herrscherin* für die Natur – die äußere wie die innere. Hier geht es um alles, was für Sie *natürlich* und selbstverständlich ist!

Als Tageskarte: Es geht um Ihre Weiblichkeit. Für Frauen wie für Männer bestehen die *weiblichen Anteile* immer weniger in äußeren Merkmalen wie Kleidung, Berufswahl usw. Selbst *Herrscherin* zu sein, heißt für jede und jeden – die *eigene* Natur zu entfalten und fruchtbar zu machen. Wenn Sie die Herrscherin in Ihrem Leben sind, blühen Sie auf. Und darauf kommt es jetzt an.

Als Monatskarte: Sie besitzen und Sie brauchen ein eigenes Reich, wo als normal und anerkannt gilt, was für Sie ganz natürlich und selbstverständlich ist.

Als Jahreskarte: Manchmal ruft die Karte dazu auf, sich aus Beziehung und Beruf zeitweise zurückzuziehen; manchmal läutet sie das Ende von Zurückgezogenheit und Schüchternheit ein. Dann wiederum legt sie nahe, draußen zu arbeiten, einen Garten zu hegen oder sich für den Naturschutz zu engagieren. Oder aber in Kultur und Gesellschaft die Werte zu vertreten, die für Sie sinnvoll und selbstverständlich sind. Nicht zuletzt ist dies *die* Karte der Emanzipation und der gelebten Spontaneität.

Praxistipp: Geben Sie sich Regeln, treffen Sie mit sich Vereinbarungen, so dass Sie in Einklang mit Ihrer Natur leben.

Ihr Weg zum Stern ist die »Mäßigkeit« (III + XIV = XVII).

IV-Der Herrscher

Selbstbestimmung. Obwohl jede Karte gleichwertig ist, kommt es häufig vor, dass die *Herrscherin* vorwiegend positiv und der *Herrscher* eher negativ wahrgenommen werden. Tatsächlich sagt dies weniger über die Karten als über die »Brillen« der Betrachter aus.

Vielfältige Assoziationen zum Thema Mann und Männlichkeit werden hier geweckt – lassen Sie sich darauf ein! Jeder Mensch benutzt die Wörter Mann, Freund oder Vater; doch der Inhalt, der mitschwingt, ist für jeden Menschen verschieden und typisch.

Manchmal werden sogar die Männer wichtig, die im eigenen Leben *nicht* existieren. Wer etwa nie einen Bruder gehabt hat, gelangt vielleicht dahin, sich dies als besondere Erfahrung – als Manko und als Chance – bewusst zu machen. Die Chance besteht darin, als Erwachsene/r Beziehungen bewusster einzugehen: sich statt der angeborenen Blutsverwandten selbst gewählte Geschwister, eben Wahlverwandte, auszusuchen.

Als Symbol steht der *Herrscher* für Selbstbestimmung und Selbstregierung, für Prinzipien und Pioniergeist. Hier bietet sich die Chance, (mit sich) selbst etwas *anzufangen*, das Leben zu erneuern und neue Lebensmöglichkeiten zu erkunden! Neuland gibt es drinnen (in der eigenen Person) und draußen (in der Welt) zu entdecken.

Als Tageskarte: »Don't imitate, innovate«: Versuchen Sie nicht, andere nachzuahmen, sondern schaffen Sie neue Tatsachen. Verwirklichen Sie sich selbst als Urheber, als Urheberin! Hüten und schützen Sie sich vor Egoismus und Selbstlosigkeit.

Als Monatskarte: Im eigenen Dasein sind wir immer der oder die Erste. Wir sind *Herrscher* und zugleich Anfänger! Dies gilt für Männer wie für Frauen. Wir betreten ein Neuland, das erst erschlossen und bewohnbar gemacht werden will. Und dieses »wüste Neuland« sind wir jeweils auch selbst.

Als Jahreskarte: Selbstbestimmung und Identität sind lebenslange Aufgaben. Wagen und genießen Sie es, ohne Vorbild und in eigenem Auftrag zu handeln.

Praxistipp: Setzen Sie Ihren Pioniergeist ein. Fragen Sie nach Antworten, die nur Sie finden können.

Ihr Weg zum Stern ist der »Tod« (IV + XIII = XVII).

V-Der Hohepriester

Eigene Bedeutung. Was einst die Aufgabe der Priester und Hohepriester war, ist heute Thema für uns alle: Wie finden wir persönliche Antworten für die großen und kleinen Geheimnisse des Lebens? Wie organisieren wir entsprechende Feste, Rituale und Feierlichkeiten?

Nahezu alle Kartenversionen zeigen *drei* Bildfiguren. In der Reihenfolge der großen Arkana ist dies – auch darin gleichen sich nahezu alle Tarot-Spiele – die *erste* Karte, die *mehrere* Personen zeigt! Meistens ist dabei eine große Bildfigur vollständig im Bild zu erkennen, während zwei weitere Bildfiguren klein oder teilweise zu erkennen sind. So wird die Karte auch zum Spiegel Ihrer *Stärken und Schwächen*, zu einem Bild des Miteinanders und der wechselseitigen Unterrichtung und *Einweihung:* »Jeder ist Lehrer für jeden!«

Die Zahl 5 wie auch andere Bildelemente weisen auf den Begriff der *Quintessenz* hin. Diese besteht darin, die eigene *Bedeutung* zu ermitteln. Das heißt auch, sich in Fragen der Religion und des Glaubens, sich also umfassend, »im Himmel wie auf Erden« *kundig* zu machen. Verwahren Sie sich gegen missionarischen Eifer und Bekennerdrang. Sprechen Sie mit anderen über Ihre Erfahrungen, Wünsche und Ängste, und lassen Sie sich von anderen in deren Erfahrungen, Vorstellungen und Bedürfnisse einweihen.

Als Tageskarte: Äußern Sie sich, und profitieren Sie von den Erfahrungen der anderen. Bauen Sie auf die Kraft der Erfahrung, des Lernens und des Wachstums!

Als Monatskarte: Praktisch geht es darum, Gewohnheiten zu hinterfragen und sich zu offenbaren.

Als Jahreskarte: Hier heißt es Fragen stellen und Antworten geben – hören Sie zu und verstehen Sie die Bedeutung. Finden Sie heraus, welche Ereignisse, welche Wende- und Höhepunkte des Lebens für Sie und für die Ihnen Nahestehenden wirklich von Bedeutung sind, und gestalten Sie diese großen und kleinen Anlässe aus Betroffenheit und mit Hingabe. Es gibt nichts Wichtigeres.

Praxistipp: Weihen Sie andere in Ihre Geheimnisse ein, und öffnen Sie sich für die Bedürfnisse der anderen.

Ihr Weg zum Stern ist »Der Gehängte« (V + XII = XVII).

VI-Die Liebenden

Liebe und Erkenntnis. Auf den ersten Blick eine Karte der Entscheidung oder der Idylle. Dabei sind in den Bildern auch besondere *Schattenseiten* versteckt. Es ist die Geschichte vom verlorenen und vom wiederkehrenden Paradies: »Für einen, der nicht versteht, sind Berge Berge. / Für einen, der zu verstehen beginnt, sind Berge nicht mehr Berge. / Für einen, der versteht, sind Berge wieder Berge« (Zen-Spruch).

»Viele Menschen kennen die feinen Unterschiede der verschiedenen Personal computer. Aber dass es auch ein Personal paradies, ein wirkliches Land der Träume gibt – da melden wir oft nur Error, Fehlanzeige oder Blackout! Wir sind häufig einfach nicht auf Glück programmiert und trauen unseren Träumen nichts zu – jedenfalls nicht Gutes« (D. Diederichs).

Als Tageskarte: Sie sind eine liebevolle und liebenswerte Person. Sagen Sie »Ja« zu sich und zu Ihrem Nächsten. Ihre Beziehungen zu anderen und die Beziehung zu sich selbst sind wie zwei Seiten einer Medaille. Geben Sie nicht anderen die Schuld für Ihr Glück oder Ihr Unglück. Sie haben sich in der Vergangenheit entschieden, und sind frei, sich jetzt neu zu entscheiden!

Als Monatskarte: Betrachten Sie die Sachlage einmal von höherer Warte aus. Dazu regt der Liebesgott Amor oder der Engel an, der in fast allen Versionen dieser Karte auftaucht. Aus himmlischer Sicht *lebt nur, wer liebt*. Wer nicht liebt, ist schon tot oder hat noch nicht begonnen zu leben.

Als Jahreskarte: Nehmen Sie sich und andere mit Liebe und Erkenntnis an. Ein neues Paradies erwartet Sie! Liebe ist nicht nur ein Gefühl. Liebe ist auch eine Entscheidung, sich zu kümmern und einem Menschen oder einem Sachverhalt wirklich zu begegnen. Ohne Liebe bleiben Beziehungen ohne Bedeutung. Dabei ist Liebe keine Beziehungsfrage. Liebe ist ein Energiezustand, eine Daseinsweise, die schöner, lebendiger und reicher ist als ein Leben ohne Liebe.

Praxistipp: Wann haben Sie Ihre letzte Liebeserklärung gemacht – an sich selbst – an andere?

Ihr Weg zum Stern ist die »Kraft« oder die »Gerechtigkeit« (VI + XI = XVII).

VII-Der Wagen

Eigenleben. Die Karte – buchstäblich – der Erfahrung, auch: der Dynamik des Unbewussten und der Selbststeuerung. Der Wagenlenker kann seine Gefühle, seine Lebensgeschichte nicht vollständig »in den Griff« bekommen; denn er steckt mittendrin! Er kann nur eine richtige *Einstellung* zu seinem »Karma«, zu den gegebenen Lasten und Chancen finden. Dann trägt ihn der Wagen, und es wird eine angenehme Lebensreise, ohne dass er sich eingepfercht und ungewollt bewegt oder gebremst fühlen müsste.

Die Darstellungen variieren häufig. In antiken Zeiten waren es oft Gestirne oder wilde Tieren, die den »Wagen« zogen. Seit dem 19. Jahrhundert geht das Verständnis dahin, dass diese äußeren Tier-Kräfte Sinnbilder für innere Seelen-Kräfte sind. So sind in den meisten heute verbreiteten Tarot-Versionen zwar Tiere zu erkennen, aber keine Zugtiere mehr, die den Wagen wirklich ziehen würden.

Seit einigen Jahrzehnten ist nun der »Mond« für die Menschen nicht mehr unerreichbar. Das gilt für die Raumfahrt, und das gilt im symbolischen, übertragenen Sinne auch für die Seelenfahrt und die Selbsterfahrung. Auch unbewusste Seelenbereiche sind nicht mehr unerreichbar oder unfassbar.

Als Tageskarte: Ohne Selbständigkeit läuft hier gar nichts. Sie müssen tatsächlich etwas *wagen*: Nämlich für sich und aus sich heraus zu handeln, in eigener Sache, aus eigenem Antrieb und zur eigenen Zufriedenheit.

Als Monatskarte: Die Karte der Selbsterfahrung und der Selbstentfaltung. Entwickeln Sie Ihren persönlichen Geschmack – Vorlieben und Gewohnheiten, die Ihnen gut tun. Vertreten Sie Ihren Standpunkt, Ihre Meinung von ganzem Herzen.

Als Jahreskarte: Auch unbewusste Seelenbereiche werden zugänglich und verständlich. Seien Sie mutig und konsequent in der Auseinandersetzung mit sich sowie mit anderen. Befreien Sie sich aus überkommenen Rollen und Routinen. Der »Wagen« bedeutet, zu sich und zum eigenen Weg immer wieder »ja« zu sagen.

Praxistipp: Misstrauen Sie Einbahnstraßen und solchen Lösungen, die für alle gleich sind.

Ihr Weg zum Stern ist »Das Rad des Schicksals« (VII + X = XVII).

VIII/XI-Gerechtigkeit

Grenzerfahrung, neue Wege für Lust und Liebe. Jetzt heißt es Rückgrat zeigen. Wie gehen wir mit dem Anderen um? Wie mit Menschen und Einrichtungen, die uns fremd sind? Und wie mit dem Anderen und Unbekannten in uns selbst? Es ist wichtig, an den eigenen Grenzen Sinn und Verstand nicht aufzugeben, sondern sie weiterzuentwickeln und wachsen zu lassen.

Hier geht es um die Erfahrung von etwas, das größer ist als wir. »Gerechtigkeit« meint hier jedenfalls kein abstraktes Prinzip, sondern die praktische Frage danach, wie wir vielfältigen, vitalen Bedürfnissen Genugtuung und Befriedigung verschaffen.

Die größte *Gerechtigkeit* (Ausgleichung) und zugleich das Maximum an *Kraft* erreichen wir, wenn wir allen vorhandenen Energien den Platz zuweisen können, auf dem sie sich jeweils am besten entfalten. »Jedes Ding ist vollkommen, wenn es seinen Zweck erfüllen kann" (Gotthold Ephraim Lessing).

Die Waagschalen gleichen auch einem Seismographen, einem Messinstrument für feine Bewegungen und Spannungen. (Die Waage misst das Vage.)

Als Tageskarte: Hüten und schützen Sie sich vor sinnlosen Idealen und geistlosen Handlungen im Namen der Liebe oder der Gerechtigkeit. Geben Sie der Lebenslust eine neue, bewusste Chance.

Als Monatskarte: Kümmern Sie sich um die wirklichen Bedürfnisse – die eigenen und die Ihrer Lieben. Nutzen Sie Schwert und Waage, um zu ermitteln, was in Ihnen und/oder in anderen vorgeht, was es bedeutet und was Sie damit tun können.

Als Jahreskarte: Wenn beiden Seiten der menschlichen Doppelnatur – Trieb und Vernunft – Gerechtigkeit widerfahren soll, dann müssen auch die Grenzen der bisherigen Urteile berücksichtigt werden (dies symbolisiert der Vorhang, der in den meisten Bildversionen enthalten ist). So bleiben vor unserem geistigen Auge unsere Erfahrungen frisch, und wir können daraus immer wieder neue Urteile bilden.

Praxistipp: Gönnen Sie (sich und Ihren Nächsten) heute ein sinn- und lustvolles »Extra«!

Ihr Weg zum Stern ist der »Eremit« (VIII + IX = XVII).

IX-Der Eremit

Selbstverantwortung, Weisheit. Propheten und historische Eremiten, Nachtwächter, die klugen und die törichten Jungfrauen (die klugen halten ihr Licht bereit), die mythischen Wächter an der Schwelle zur Unterwelt ... viele kulturelle Leitbilder begegnen uns in dieser Karte wieder. Die Laterne und das Licht darin sind Symbole des menschlichen Verstandes und unseres Anteils am »göttlichen« Licht.

Jeder Mensch hat die Möglichkeit und die Aufgabe, gewisse Probleme zu beleuchten und zu beheben. Jede/r hat die Gabe, die Welt heiler zu machen. Der »Eremit« ist der »Alte Weise« aus Märchen und Mythen und zugleich der Typus der »klugen Jungfrau«. So verdeutlicht er die Themen der *Altersweisheit* und der *wiedergewonnenen Jungfräulichkeit*: »Die Unschuld ist nichts, was man verlieren, sondern eher etwas, was man gewinnen kann« (Bertolt Brecht).

Wenn Sie Widersprüche, die in Ihnen und um Sie bestehen, aufarbeiten, strahlt Ihr Licht. Nicht die Schuldlosigkeit als Verantwortungslosigkeit, nicht die Flucht in Unzuständigkeit oder Unzurechnungsfähigkeit bringt Sie der überragenden Kraft des *Eremit* näher. Er verkörpert vielmehr einen Menschen, der zur gegebenen Zeit seine Probleme löst und seine Aufgaben erledigt, ohne etwas unter den Teppich zu kehren.

Als Tageskarte: Um diese Problemlösung geht es auch in Ihren aktuellen Fragen!

Als Monatskarte: Manchmal signalisiert diese Karte Ruhe und Rückzug, noch öfter jedoch engagierte Bemühungen, ein höheres Maß an Verantwortung und Achtsamkeit.

Als Jahreskarte: Typisch für die meisten historischen Eremiten war nicht das Gefühl von Verzicht, sondern die Befreiung von allem Unnötigen, um ganz »in der Gegenwart Gottes« zu leben. Nicht Askese und Selbstkasteiung sind hier angezeigt, sondern ein Leben in der Fülle.

Praxistipp: Ist Ihr Haushalt in Ordnung? Räumen Sie auf, machen Sie sauber. Tun Sie es für Ihr Wohlbefinden. Denken Sie über alle Möglichkeiten nach, gute Resultate zu erreichen.

Ihr Weg zum Stern ist die »Gerechtigkeit« oder die »Kraft« (IX + VIII = XVII).

X-Rad des Schicksals

Durch die Kooperation mit dem Schicksal wird das individuelle Leben um eine universelle Komponente bereichert, das einfache Leben wird zum großen Leben. Nehmen Sie Anteil an Anderen, und die Anderen werden Anteil an Ihnen nehmen. Verausgaben Sie Ihre Kräfte nicht darin, das Überleben zu sichern. Weder das bloße Überleben, noch ein heroisches "Über-Leben" stellt den Gipfel Ihrer Möglichkeiten dar!

Glück ist nicht selbstverständlich. Glück will gefunden und erkannt werden. Aber ohne innere Mitte, ohne persönlichen Bezugspunkt bleiben alle Zusammenhänge hohl und leer. Das gilt für das Bild, aber es meint auch Ihr persönliches Schicksal.

Das Symbol des Rades beinhaltet das Motiv, den Weg in die Mitte zu finden: die Radnabe als Zeichen des inneren Zentrums, als Kern des Eigenen. Der äußere Kreis des Rades aber steht für die Er-fahr-ung des Universums, die Hinwendung zu allem und allen. »Jeden mit Glück zu erfüllen«, heißt es bei Bertolt Brecht (Der gute Mensch von Sezuan), »auch sich selbst, das ist gut«.

Als Tageskarte: Die Zusammenarbeit mit dem Schicksal wächst mit der Annahme und Ablehnung von »Zufällen«. Für diese Arbeit mit dem Zufall stellt das Tarot-Kartenlegen ein ideales Training dar. Ziehen Sie die nächsten (zehn) Tage jeweils eine Tageskarte!

Als Monatskarte: Verausgaben Sie Ihre Kräfte nicht damit, das Überleben zu sichern. Weder das bloße Überleben, noch ein heroisches »Über-Leben« stellt den Gipfel Ihrer Möglichkeiten dar!

Als Jahreskarte: Keiner kann etwas für sein Schicksal, aber jede und jeder kann etwas dafür, wie er oder sie mit dem Schicksal umgeht! »Glück ist Talent für das Schicksal« beschrieb Novalis diesen Zusammenhang.

Praxistipp: Vermeiden Sie die schlechten Alternativen »Es gibt keinen Zufall« und »Alles ist Zufall«. Sie erreichen mehr, wenn Sie sagen: »Ich sehe da einen Zusammenhang«. Damit werden Sie den Gegebenheiten und Ihrer eigenen Betroffenheit gerecht.

Ihr Weg zum Stern ist »Der Wagen« (X + VII = XVII).

XI/VIII-Kraft

Wille, eigene Kraft. Der alte esoterische Lehrsatz »Wie oben, so unten« findet hier eine verblüffende Anwendung: Wie im Oberstübchen, so im Unterleib! Das Wohlergehen des einen setzt das des anderen voraus.

Manche Karten zeigen einen Keule schwingenden Herkules. Die meisten Bilder jedoch variieren das Motiv »Die Schöne und das Biest« alias »King-Kong und die weiße Frau«. Das, was uns lieb und heilig ist (dargestellt durch die Schöne), und das, was uns tierisch Spaß bereitet (dargestellt durch das Tier), weckt in uns die größten Kräfte!! Der Mensch hat zwei Lust- und Kraftzentren – eins zwischen den Beinen und eins zwischen den Ohren.

Anima und Animus sind noch unbewusste Versionen dieses Doppelpacks im Menschen. In der Abteilung »Drama und Wahnsinn« treffen wir auf »tierische« Triebe und Instinkte auf der einen Seite sowie auf ein »wildes Denken« andererseits, also eine geistige Beflissenheit, welche Dinge in Bewegung setzt, von denen sie – wie ein Zauberlehrling – nicht weiß, was sie bewirken und wie sie zu beherrschen sind.

Als Tageskarte: Leben Sie mit dem »Tier« in Ihnen! Achten Sie, was Ihnen und anderen heilig ist! Riskieren Sie mehr und kommen Sie zu lebendiger Ruhe. Der Schlüssel heißt *Achtsamkeit!*

Als Monatskarte: Die Karte warnt Sie vor innerer Zerrissenheit und einem permanenten Kampf gegen sich selbst und/oder andere. Es geht darum, als ganzer Mensch anwesend zu sein, alle Kräfte im Brennpunkt des Augenblicks zu versammeln; einen eigenen Willen zu formen und zu formulieren.

Als Jahreskarte: Die Sexualität spielt dabei eine zentrale Rolle – sie ist Selbstzweck und Beispiel zugleich: Der sexuelle Höhepunkt hat seine eigenen Zwecke. Wie eben Kraft, Lust und Stärke. Zusätzlich ist er auch ein Gleichnis, ein *Beispiel* dafür, wie wir auch in jedem anderen Bereich des Lebens alle persönliche Energie im Augenblick vereinen können.

Praxistipp: Machen Sie keine »halben Sachen»!

Ihr Weg zum Stern sind »Die Liebenden« (XI – VI = XVII).

XII-Der Gehängte

Sie sehen die Welt mit anderen Augen. Es ist vielleicht verrückt, doch es hat auch seinen Sinn. Es scheint absurd und ist doch wahr. Keiner hat Ihnen je gesagt, dass es sich *so* verhält – aber so ist es. Lassen Sie los, Sie werden getragen. Haben Sie Vertrauen.

Sie sind wie ein Pendel in der Hand *Gottes*. »Nicht mein Wille, sondern dein Wille geschehe«: Verstehen Sie, was der »Wille« der Schöpfung mit Ihnen vorhat, worauf er Sie hinweist, was er durch Sie ausloten und sichtbar machen »will«. Also lassen Sie sich nicht hängen.

Hier geht es auch um große Lebensziele, die man nicht erst einmal auf Probe leben kann, weil zu ihrer Verwirklichung eine ganze Lebensspanne erforderlich ist. Prüfen Sie, woran Sie sich binden. Prüfen Sie gründlich und stellen Sie alles einmal auf den Kopf. Dann wissen Sie, was Trumpf ist und woran Sie wirklich hängen.

»Metanoeite«, auf Deutsch *Kehret um und wandelt euch*, lautete der Wahlspruch des Franz von Assisi, dessen Wahrzeichen ein T-Kreuz ist. Dieses Kreuz wird auch »Tau-Kreuz« genannt (griechisch für den Buchstaben T); wir finden es hier im Bild wieder. Ebenso kann das Motiv des Hängens an Schamanen, an Zauberer wie Merlin oder Gottheiten wie Odin erinnern.

Als Tageskarte: Der Glaube ist der »Standpunkt« des Gehängten. Nicht die irdische, sondern die himmlische Perspektive zählt.

Als Monatskarte: Die XII beinhaltet unter anderem zweimal die VI, also *Die Liebenden* doppelt – mit all ihren Stärken und Schwächen. Es ist die Karte der Passion. Sie warnt vor unangemessenen Leidensgeschichten. Und sie ermuntert zu großen Leidenschaften, zu einer vollkommenen Hingabe an die Liebe.

Als Jahreskarte: Die Zeit ist gekommen, sich aus Abhängigkeiten zu befreien. Entscheiden Sie sich für das, was das Herz beglückt! Zeigen Sie Ihre Fähigkeit, wirkliche Freude zu verbreiten.

Praxistipp: Üben Sie Kopfstand (oder Handstand oder »Kerze«)! Setzen Sie sich auf die andere Seite des Tisches.

Ihr Weg zum Stern ist »Der Hierophant« (XII + V = XVII).

XIII-Tod

Etwas geht zu Ende. Freude und Trauer, Trennung und Lösung, Abschied und neue Offenheit – starke Gefühle sind nicht immer einfache Gefühle, aber sehr tiefe menschliche und persönliche Erfahrungen. Lernen Sie zu verzeihen, ohne zu vergessen, und zu beenden, ohne zu zerstören. Sie selbst sind ein Sensenmann oder eine Schnitterin; es geht um Ihre Kraft zu einschneidenden Maßnahmen. Bringen Sie zu Ende, was dafür reif ist. Sie haben etwas zu erledigen!

Man soll das Wissen um Tod und Sterben weder verdrängen noch überbetonen. Richtig ist, was viele Kommentare zu dieser Karte notieren: Loslassen ist angesagt. Richtig ist aber auch, was viele Kommentare bisher *nicht* vermerken: Es geht auch ums *Ernten*!

Der Beruf des Schnitters ist die Ernte! Die meisten Tarot-Sorten drücken diesen Gedanken durch die Figur des Schnitters aus, andere durch das Symbol einer Erntekrone. Somit entfaltet sich der ganze Sinn der Karte: *Loslassen, um zu ernten* – Platz schaffen für Neues; das beseitigen und auf das verzichten, was im persönlichen Sinne fruchtlos und unproduktiv ist; damit wachsen und gedeihen kann, was im persönlichen Leben wertvoll und fruchtbar ist.

Als Tageskarte: Hier zählt Ihr Verlangen, die gegebene Lebensspanne so sinnvoll und angenehm, so wertvoll und fruchtbar wie möglich zu machen. Die erste und die letzte Frage: Was will ich ernten?

Als Monatskarte: Lassen Sie tiefe Gefühle und Mitgefühle zu. Keine Umwege um die Wahrheit! Entscheiden Sie sich, Ihren Beitrag zu leisten, das Beste zu geben und anzunehmen.

Als Jahreskarte: Jeder Mensch ist einmalig, wenn er erntet, was als fruchtbarer Samen in ihm angelegt ist. Wenn Sie Ihre Lektionen lernen, Ihre Talente fruchtbar machen und die Früchte Ihrer Bemühungen weitergeben, bekommt die Einmaligkeit dieses Ihres Lebens einen anderen Sinn – aus der vorübergehenden Lebensspanne wird Ihr Anteil an der Ewigkeit.

Praxistipp: Schaffen Sie Platz für Neues in den eigenen vier Wänden und im Leben draußen, ernten Sie.

Ihr Weg zum Stern ist »Der Herrscher« (XIII + IV = XVII).

XIV-Mäßigkeit

Läuterung und *wahrer Wille*. »Mäßigkeit« ist oft als Mittelmäßigkeit oder Durchschnittlichkeit missverstanden worden. Doch sie ist eine der antiken Kardinaltugenden, und ihre heutige Bedeutung ist erheblich. Inhalt des Bildes ist die Hochzeit von Himmel und Erde. Ein Engel auf Erden – das macht deutlich: zwei Welten berühren und verbinden sich – Himmel und Erde, Wunsch und Wirklichkeit. (Denn auch »der Wille ist des Menschen Himmelreich«!)

Oft durchleben wir bei dieser Karte ein »Fegefeuer«, weil erst einmal Gegensätze aufeinander stoßen. Die Karte ermuntert uns, in den Widersprüche des Lebens nach dem »roten Faden« und den richtigen Lebensaufgabe zu forschen. Die richtigen Lebensaufgaben erkennen Sie daran, dass es sich um Aufgaben für ein ganzes Leben handelt und dass all Ihre wesentlichen Talente dabei gefordert und gefördert werden. Die richtigen Lebensaufgaben verwirklichen das Beste der persönlichen Möglichkeiten.

Als Tageskarte: Nehmen Sie die Widersprüche Ihres Lebens in die Hand. Welche Wünsche sind sinnvoll und welche nicht? Welche Ängste sind berechtigt und welche nicht? Bestehende Fakten können eingeschmolzen und neu geschmiedet werden.

Als Monatskarte: Richten Sie sich eine »Kreativitätswerkstatt« ein: Einen Ort und eine Zeit im Tagesablauf, wo Sie regelmäßig verweilen; einen Garten der kreativen Ideen; einen Raum, der Sie stets daran erinnert und dazu ermuntert zu tun, was Ihnen lieb und heilig ist.

Als Jahreskarte: Sie sind der Dirigent und die Schöpferin in Ihrem Leben. Aus Ihrer Lebensspanne machen Sie ein großes Lebenswerk – einen großen Spannungsbogen. Sie durchbrechen den Kreis der Wiederholungen. Diese schöpferische Kraft führt Sie zu Ihren Wurzeln und verbindet Sie mit dem Absoluten. Diese ist so intim, so persönlich wie die Liebe. Und so kostbar.

Praxistipp: Wünsche, Angebote und Herausforderungen sind nur das »Rohmaterial«, entscheidend ist, was Sie daraus erschaffen!

Ihr Weg zum Stern ist »Die Herrscherin« (XII + V = XVII).

XV-Der Teufel

Lassen Sie sich nicht verteufeln, und machen Sie andere nicht zum Sündenbock. Geben Sie dem Unbekannten einen Raum. Es ist wichtig, chaotische Gefühle und Geschehnisse anzuerkennen! Lassen Sie sich auf unbekannte Erfahrungen ein, aber bleiben Sie dem treu, halten Sie fest und verteidigen Sie, was Ihnen lieb und heilig ist!

Der Teufel symbolisiert ein Stück ungestaltete Natur. Er verkörpert Dinge und Vorgänge, die zuvor *unterschwellig* vorhanden waren. Jetzt treten sie über die Schwelle.

Auf der einen Seite erkennen Sie sinngemäß einen *Vampir*, einen echten »Teufelskreis«. Das sind eingefleischte Verhaltensweisen, mit denen Sie sich und anderen das Leben schwer machen. Sobald Sie verstehen, mit welchen Mechanismen und Tricks Sie sich Knüppel zwischen die Beine werfen, sind Sie soweit, dass Sie diese Verhaltensweisen auch beenden und loslassen können.

Auf der anderen Seite stellt sich aber auch eine Art *Kellerkind* dar. Ein ungestalteter Teil der eigenen Natur, nach dem Sie schon lange Sehnsucht haben, den Sie bisher nicht akzeptieren konnten, sondern wie ein Stiefkind missachtet haben.

Als Tageskarte: Machen Sie nicht den Bock zum Gärtner. Kultivieren Sie das, worauf Sie »Bock« haben. Sie haben die Kraft, in unbekannten Situationen klarzukommen. Vertrauen Sie auf die Macht der Ehrlichkeit, und gestehen Sie (sich) bisher unausgesprochene Wünsche und Ängste ein!

Als Monatskarte: Oft treten verschiedenartige Emotionen zugleich auf: Zum Beispiel Faszination und Ekel. Dahinter stehen die Sehnsucht nach dem Kellerkind *und* die Abwehr gegen jenen »Vampir«, der Freude und Erfolg raubt.

Als Jahreskarte: Es braucht seine Zeit, bis das neue Unbekannte erkannt wird und sich Freund und Feind genau unterscheiden lassen. Sinnlose Tabus können und müssen dann abgeschafft, sinnvolle Tabus bestätigt oder neu eingerichtet werden!

Praxistipp: Was Sie erleben, ist auch eine Bewährungsprobe für die Liebe. Geben Sie ihr eine neue Chance.

Ihr Weg zum Stern ist »Die Hohepriesterin« (XV + II = XVII).

XVI-Der Turm

Diese Karte stellt die höchsten Energien dar. Der Heilige Geist, Blitze, das Auge Gottes, Feuerstürme und Feuerregen sind häufige Bildmotive.

Zwei bestimmte Archetypen stehen hier Pate: Der Turmbau zu Babel und das Pfingstereignis. Der Turmbau zu Babel führte zur Zerstörung des Turms und zur »babylonischen Sprachverwirrung«: Die Menschen verstanden einander nicht mehr. – Das Pfingstereignis stellt gerade umgekehrt die Aufhebung der Sprach- und Verständigungsgrenzen dar: Die Jünger Jesu waren an einem Ort versammelt; erfüllt vom Heiligen Geist begannen sie zu predigen, und jeder verstand sie in seiner Muttersprache.

Gewalt einerseits und Liebe andererseits sind die völlig gegensätzlichen Pole im Umgang mit den größten Lebensenergien. Die Liebe als Lebenseinstellung, als Dasein in Achtsamkeit und Wachheit fördert die Fähigkeit, auf einem hohen Energieniveau zu leben, und schützt auch am besten gegen gewaltsame Zumutungen.

Die Karte warnt vor Überheblichkeit und Größenwahn. Übrigens auch vor mangelnder Standhaftigkeit und mangelndem Rückgrat.

Als Tageskarte: Lassen Sie sich fallen – bringen Sie sich ein! Sie schützen sich umso besser vor gewaltsamen Zumutungen, je bewusster Sie selbst »den Tiger reiten«.

Als Monatskarte: Wie lebt man mit Hochenergien? Es beginnt oft mit einem Akt des Geschehenlassens, des sich Einlassens und des Vertrauens. Für manche bedeutet es bereits eine riesige Erschütterung, sich auf sich selbst einzulassen. Für andere steht die Begegnung mit dem »Turm« an, wenn es darum geht, sich einem anderen Menschen anzuvertrauen. Manchmal ist hier das Gewitter eines Streits, einer Trennung oder einer Kündigung angezeigt; manchmal das Feuerwerk einer neuen Liebe, der Durchbruch zu neuen Erfolgen und das Erlebnis ungekannter Höhepunkte.

Als Jahreskarte: Es kann zu Erschütterungen kommen, doch da ist auch die (zwar durchdringende, aber sanfte) Ermutigung, persönliche Ein-Wände und Vor-Wände – Ihren Elfenbeinturm – aufzugeben, wenn die Zeit dafür reif ist!

Praxistipp: Riskieren Sie mehr Direktheit!

Ihr Weg zum Stern ist »Der Magier« (XVI + I = XVII).

XVII-Der Stern

Sie verstehen Ihre persönliche Wahrheit und Ihren Anteil an der Schöpfung. Krüge und Kelche symbolisieren seelische Bedürfnisse, Wünsche und Ängste. So gesehen, trägt, erfasst und begreift die Bildfigur eben diese. Und eine alte Vorstellung besagt, dass der Mensch als Ganzes ein Gefäß in der Hand Gottes ist – ein Gefäß, das sich im Laufe des Lebens füllt und leert, das den Anteil des einzelnen am großen Strom des Lebens symbolisiert.

Die große Entfernung von der Erde zu jedem anderen Stern macht deutlich, dass es ein langer Weg sein kann und einen gehörigen Abstand erfordert, sich selbst zu verstehen und in größere Zusammenhänge einzuordnen. Als scheinbare Alternativen bieten sich die Verehrung von *Stars*, von Berühmtheiten oder Autoritäten an, und der Narzissmus, der um das eigene Befinden kreist und keine Ruhe findet.

Weitere Stichworte zum Inhalt: Reiner Geist, wahre Schönheit. Kosmische Klarheit und persönliche Transparenz, doch auch gefrorene und fixierte Gefühle. *Leitstern,* Inbegriff unserer Lebensziele, aber auch der vergeblichen Wunschträume. Die Karte kann für Unverschämtheiten sowie für eine übertriebene Suche nach Sensationen stehen.

Als Tageskarte: Große Aufgaben: Schlimme Erfahrungen wollen verarbeitet und beendet, schöne Hoffnungen zu Ende geträumt und verwirklicht werden!

Als Monatskarte: Es gibt unendliche viele Sterne. Ob sie Ihren Stern erreichen, das ist die spannende Frage. Da ist ein Funkeln in der Nacht, ein Lichtschein, eine Hoffnung, ein Anhaltspunkt. Bringen Sie Ihre Wahrheit an den Tag.

Als Jahreskarte: Sie sind einzigartig und bedeutend. Leben Sie Ihre Brillanz und Ihre Klarheit. Wenn Sie sich Ihrer Schönheit und Wahrheit gegenwärtig nicht sicher sind, dann beginnen Sie eine neue Wanderschaft, eine neue Reise zu anderen Sternen.

Praxistipp: Gehen Sie heute Nacht nach draußen und betrachten Sie die Sterne! Vielleicht lesen Sie auch »Sterntaler« oder andere Sternen-Märchen

Ihr Weg zum Stern ist »Der Narr« (XVII + 0 = XVII).

XVIII-Der Mond

Die Himmelspforte: Eine weit geöffnete Pforte und ein Weg dahin sind auf den meisten Bildern dieser Karte zu sehen – ein Weg, der aus der Tiefe vorbei an Tieren in den Himmel führt (oder in umgekehrter Richtung verläuft). Häufig ist dabei die Höhe, der Übergang zwischen Mond und Erde mit vielen Strahlen und Tropfen betont.

Die Karte des kollektiven Unbewussten. Gefühle, Stimmungen und Einstellungen, die das Seelenleben von Generationen und ganzen Kontinenten geprägt haben, wirken sich aus. Spüren Sie Ihre Rolle als Teil des großen Lebensstroms.

Es gibt »ozeanische« Gefühle – Bedürfnisse und Betroffenheiten, die wir nie ganz ausloten können. Und doch können wir Verständnis dafür gewinnen. Darauf kommt es jetzt an.

Wie in einer Vollmondnacht, kann es beunruhigend und aufwühlend sein, wenn Höhen und Tiefen, die sonst eher im Verborgenen schlummern, lebendig werden. Die große Verheißung dieser Karte ist die Aufhebung des vormals Verdrängten – die Verwandlung einer betörend-zerstörenden Seelentiefe in eine kunstvoll-erhebende Kultur der Seelenkräfte, die Verwandlung eines »trockenen« oder aber eines (sehn-) süchtigen Alltags in einen beschwingten Lebensgenuss mit Musenkuss!

Als Tageskarte: Hier ist Ihr Mut zu großen Gefühlen gefordert! Schwimmen Sie sich frei, wie ein Fisch im Wasser. Lernen Sie Ihre Verbundenheit mit »allem« schätzen und genießen. Doch befreien Sie sich aus unseligen Abhängigkeiten! Der bewusste Umgang mit Leidenschaften und Glaubensvorstellungen erlöst Sie von alten Wünschen und Ängsten.

Als Monatskarte: Nehmen Sie die »großen Gefühle« als eine Realität, die gelebt sein will, wie alle anderen Aspekte der Wirklichkeit auch.

Als Jahreskarte: Schauen Sie sich möglichst viele Erfahrungen an. Machen Sie Frieden mit Gott und der Welt.

Praxistipp: Zeit zu beten, zu schwimmen und zu tanzen!

Ihr Weg zum Stern ist »Die Welt« (XVIII + XXI = 39 = XXII/0 + XVII [ein Schritt zurück oder 21 Schritte nach vorne einmal durch alle 22 Großen Arkana]).

XIX-Die Sonne

Fast alle Bildversionen zeigen ein Zwillingspaar, meist in Gestalt von zwei Kindern, manchmal auch als Kind und Pferd. Die Karte der zweiten Geburt!

Die »zweite Geburt« bedeutet, dass Sie sich als Erwachsene/r ein zweites Mal und diesmal selbst gebären. Nach der ersten Geburt, welche Ihr jetziges Leben eröffnet hat, stellt die zweite Geburt eine selbst gewollte Lebensgestaltung her, die nicht durch Gewohnheit und Routine, sondern durch eigene Entscheidung, freie Wahl und Bewusstsein geprägt ist. An die Stelle eines herkömmlichen Verhaltens und Denkens tritt ein selbst gewählter Lebensstil.

An die zweite Geburt können sich natürlich auch eine dritte, eine vierte und viele weitere anschließen. Letztlich geht es um eine *tägliche* Neugeburt. Aber die »zweite Geburt« ist die entscheidende, weil sie die erste Geburt des Bewusstseins ist! Sie wirkt wie eine Heimkehr, wie ein Happyend, und sie öffnet Wege in die Welt, wie kaum eine andere Erfahrung.

In der Symbolik steht die Sonne auch für das allgemeine, kollektive Bewusstsein (ähnlich wie die Karte XVIII-Der Mond für das kollektive Unbewusste steht). Gefahren dieser Karte sind Verdoppelungs- und Spaltungstendenzen im Bewusstsein (auch eine Bedeutung der Zwillinge als Symbol), außerdem verschiedene kindische Versuche, als Erwachsener immer noch Kind zu sein – zum Beispiel als »Puer aeternus« (der ewige Junge) oder als der »Kleine Tyrann«. Die »zweite Geburt« ist in diesen Fällen um so dringender.

Als Tageskarte: An die Stelle eines gewohnheitsmäßigen Verhaltens und herkömmlichen Denkens tritt ein schöpferischer, bewusster Lebensstil. So sei es!

Als Monatskarte: Hüten und schützen Sie sich vor Blendwerk.

Als Jahreskarte: Finden Sie den Platz, wo für Sie die Sonne scheint! Vertrauen Sie sich dem Strom der Lebensenergie in Ihnen und um Sie herum an. »Liebe und tu, was du willst« (Augustinus).

Praxistipp: Merkmal der »Sonne« ist – die Besonnenheit. Geben Sie jede Hektik und jede Lethargie auf!

Ihr Weg zum Stern ist das »Gericht« (XIX + XX = 39 = XXII/0 [einmal durch alle 22 Großen Arkana und dann in einem neuen Kreis, auf neuer Stufe weiter] + XVII).

XX-Gericht

Das Bild knüpft in den meisten Fällen an die biblische Erzählung vom Jüngsten Gericht an: Der Engel bläst die Posaune, die Gräber tun sich auf, und die Toten werden wieder zum Leben erweckt.

Starke Energien wirken auf Sie ein, und starke Energien stehen Ihnen zur Verfügung. Wenn Sie fragen, wie Sie damit umgehen, Ihre vielfältigen Aufgaben erfüllen und den zahlreichen Anforderungen gerecht werden können, so ist die Antwort darauf deutlich: Alle schlafenden Energien werden hier geweckt! Indem Sie *alle* vorhandenen Energien aktivieren und im Brennpunkt des Augenblicks konzentrieren, passieren zwei Dinge zur gleichen Zeit: Sie bleiben sich treu, weil Sie stets mit allen verfügbaren Energien leben und handeln; und Sie sind fähig, wirkliche Veränderungen in Ihrem Leben herbeizuführen!

Als Tageskarte: Heute ist Ihr Tag! Lassen Sie sich nicht überwältigen. Alles ist wichtig, aber Sie können bestimmen, wie Sie damit umgehen. Eine Unterbrechung der täglichen Routine wirkt Wunder. Geben Sie sich und anderen eine neue Chance. Sie können selber wählen.

Als Monatskarte: Wichtige Wünsche und Ängste können und müssen durchgespielt und durchgearbeitet werden, bis Sie nichts daran hindert, ganz in der Gegenwart zu leben, *hier und jetzt präsent zu sein*. Ziehen Sie einen Strich unter das, was war. Entwickeln Sie Leitbilder und Visionen, die den wirklichen Erfahrungen und Bedürfnissen gerecht werden!

Als Jahreskarte: Die biblische Überlieferung vom jüngsten Tag dürfen wir ruhig wörtlich nehmen: *Der jüngste Tag ist heute!* Jeden Tag aufs Neue geht es darum, wach zu werden und alle Energien anzunehmen. Das bedeutet zugleich, Totes und Überholtes wirklich zu beerdigen und nicht weiter zu tragen. Strecken Sie die Arme aus, um sich zu verabschieden oder um sich zu versöhnen, und gehen Sie Ihren Weg.

Praxistipp: Ihnen stehen enorme Energiereserven zur Verfügung.

Ihr Weg zum Stern ist »Die Sonne« (XX + XIX = 39 = XXII/0 [einmal durch alle 22 Großen Arkana und dann neu] + XVII).

XXI-Die Welt

Eine Tänzerin mit zwei Zauberstäben auf einer Weltkugel und/oder in einem großen Lorbeerkranz ist das häufigste Bildmotiv bei dieser Karte.

Da die Karte »Die Welt« heißt und zugleich eine Frauenfigur zeigt, ergibt sich folgender bedeutsamer Zusammenhang: *Für Männer ist es wichtig, sich in der Frau zu erkennen, um die Welt zu verstehen.* Und: *Die Frau muss sich in der Welt erkennen, um sich selbst zu verstehen!*

Totenkranz, Lorbeerkranz, alle Ecken der Welt, die vielen Windungen und Wendungen des Lebensweges, alles ist in dieser Karte enthalten. Dies alles gilt es nun zu verbinden und auf einen Nenner zu bringen. Der Nenner lautet: *bewusstes Sein!*

Die Karte warnt andererseits vor einem hohlen Kreislauf der Wiederholungen. Sie drehen und wenden sich und sehen scheinbar keinen Ausweg. Sie fühlen sich vielleicht wie in einer Tretmühle. Dann ermuntert Sie die Karte zum »Mut zur Lücke«. Stärken Sie Ihre Individualität, und bauen Sie auf Ihre Besonderheit. So finden Sie (neu) zu Ihrer Rolle und Ihren Aufgaben in der Welt.

Als Tageskarte: Werfen Sie Ballast ab, und befreien Sie sich aus unnötigen Verpflichtungen. Bringen Sie Ihre aktuellen Fragen mit Ihren Lebenszielen in Verbindung. Finden Sie heraus, welchen Beitrag Sie heute zur Erfüllung Ihrer Lebensaufgaben leisten können. So jedenfalls sind und bleiben Sie *auf der Höhe der Zeit!*

Als Monatskarte: Nehmen Sie Anteil an der Welt, und die Welt wird Anteil an Ihnen nehmen. So wird das individuelle Leben um eine universelle Komponente bereichert, das einfache Leben wird gleichsam verdoppelt (siehe die zwei Zauberstäbe): »Du lebst nur zweimal!«.

Als Jahreskarte: Hier heißt es, die Zeichen der Zeit erkennen und selber Zeichen setzen: Entwickeln Sie ein Bewusstsein für die eigenen Grenzen und Gelegenheiten.

Praxistipp: *Bewusstes Sein* wird Ihnen leichter, wenn Sie gut durchatmen, auch bei Anstrengung oder Aufregung!

Ihr Weg zum Stern ist »Der Mond« (XXI + XVIII = 39 = XXII/0 [einmal durch alle 22 Großen Arkana und dann neu] + XVII).

0/XXII-Der Narr

Die Karte markiert einen *Nullpunkt* und einen *vollendeten Kreis:* Anfang und Ende von allem, was Ihre Person ausmacht. Die Null warnt vor einem Nichts, vor einem Leben nach der Devise »außer Spesen nichts gewesen«! Aber sie ist auch Symbol des inneren Zentrums, wie die Null in der Mitte eines Koordinatensystems. Und sie stellt den großen Kreis der Vollendung und der Ganzheit des Lebens dar. Der »Narr« verkörpert daher Alles und Nichts – das Genuine, das »Eingeborene«, das Ursprüngliche, das in Ihnen steckt, ebenso wie die Vollendung, die Selbst-Verwirklichung und die Vollständigkeit der Lebenserfahrung.

Daneben steht der »Narr« auch für die Überraschungen im Leben und für die zusätzlichen Chancen, wie sie ein *Joker* im Kartenspiel mit sich bringt.

Misstrauen Sie der romantischen Sehnsucht nach einem narrenhaften *Urzustand*. Wählen Sie den Weg vorwärts! Nicht den Verlust des Bewusstseins, sondern die Errichtung eines bewussten Daseins, dem immer wieder *alle Möglichkeiten offen* stehen!

Als Tageskarte: Der »Narr« vertritt zwei unterschiedliche Versionen von »*wunschlos glücklich*« sein. »Wunschlos glücklich« ist möglicherweise, wer die eigenen Wünsche nicht kennt und an ihnen vorbeiläuft. Eine völlig andere Art der Wunschlosigkeit ist der Zustand der Zufriedenheit, entstanden aus der Erfüllung wichtiger Wünsche und aus der Aufhebung plagender Ängste. Sich *darum* zu kümmern, ist jetzt Tagesaufgabe. Die Aufhebung der Wünsche und Ängste ist das A und O.

Als Monatskarte: Lassen Sie sich nicht verrückt machen. Nehmen Sie Ihre Freiheit in Besitz. Als »Narr« sind Sie frei für Experimente und frei, daraus zu lernen. Frei, Antworten nicht zu kennen oder Ihre Position zu ändern, Ihrer Originalität und der Welt zu vertrauen.

Als Jahreskarte: Denken Sie ein Jahr zurück, zehn Jahre zurück und an Ihre Jugendzeit: Was waren Ihre ursprünglichen Ziele? Gehen Sie zu Ihren Wurzeln, Sie finden dort eine neue Aufgabe.

Praxistipp: Schenken Sie jemandem Ihre Liebe, und lassen Sie andere an sich heran.

Ihr Weg zum Stern ist »Der Stern« (0 + XVII = XVII).

Die kleinen Arkana

Stäbe

Königin der Stäbe

Lebensfreude und Selbst-Bestimmung. Ihre aktuellen Fragen erfordern einen *souveränen Umgang* mit den Feuerkräften im Ganzen. Nicht nur ein einzelner Aspekt im Bereich von Willen und Tatkraft ist hier gefragt, sondern Ihre Meisterschaft als Trieb- und Energiewesen.

Sehr viele Bildversionen dieser Karte zeigen eine Katze. Unabhängigkeit und Eigenwilligkeit, kurz, die Fähigkeit zur *Selbstbestimmung* werden damit symbolisiert. Darüber hinaus bedeuten die »sieben Leben einer Katze« eine besondere Selbsterhaltungskraft. Auch daraus speist sich die lust- und würdevolle Souveränität dieser *Königin*: Ihr gelingt es, in den Wechselfällen des Lebens immer wieder »auf die Füße zu fallen«.

Lebendigkeit, Wachstum und *Lebensfreude* sind das angestammte Reich der *Stab-Königin*. Dabei kennt sie *Lebensängste,* deren Aufhebung ihr Bewusstsein und ihre Charakterstärke festigen. Hier geht es um die Fähigkeit, auch in scheinbar ausweglosen Situationen der Schöpfung zu vertrauen. Eine solche Unmittelbarkeit zur Schöpfung drückt sich etwa im Märchen als die Fähigkeit aus, »Stroh in Gold zu verwandeln«, was auch eine Umschreibung des alchemistischen *Großen Werks* ist – und Ihre aktuellen Aufgaben benennt.

Als Tageskarte: Lassen Sie die Katze aus dem Sack! Zeigen Sie, was in Ihnen steckt! Verlassen Sie sich auf Ihre Schöpferkraft. Aktivieren Sie Ihre Fähigkeit, aus dem scheinbaren Nichts etwas zu schaffen.

Als Monatskarte: Sie haben die Fähigkeit, zur richtigen Zeit einzugreifen und die Dinge in Bewegung zu setzen. Vielen ängstlichen oder übervorsichtigen Menschen können Sie eine wichtige Hilfe sein. Ihre Fähigkeit, Bewegungen zu starten, ist ein besonderes Talent.

Als Jahreskarte: Kümmern Sie sich um Ziele, die sich wirklich lohnen, die Ihre höchsten Ideale und Ihre tiefsten Energien herausfordern.

Praxistipp: Bauen Sie auf die eigene Kreativität. Aber fördern und fordern Sie auch die Kreativität Ihrer Mitmenschen (Team, Familie, Gruppe, Freunde).

Ihr Weg zum Stern ist »Der Stern« (0 + XVII = XVII).

König (Prinz) der Stäbe

Kraftprobe und Willensbildung. Im Feuer verschmelzen viele einzelne Bestrebungen zu einem vereinten, einheitlichen Willen. Und nur im Feuer trennt sich das Edle von der Schlacke. Feuerproben bezeichnen einen Vorgang des Umschmiedens, in dem sich der Gegensatz von Wunsch und Wirklichkeit, von Lust und Pflicht immer wieder neu stellt und neu beantwortet werden muss.

Lassen Sie sich herausfordern und bewähren Sie sich! Begraben Sie sinnlose Eitelkeiten und zeigen Sie Ihre Kraft! Mit den Energien dieses *Königs* werden Sie selbst scheinbar überwältigende Aufgaben lösen. Lernen Sie gesunden Stress von ungesunden Belastungen zu unterscheiden: Ungesunder Stress zerstreut und lähmt. Eine gesunde Anspannung zentriert und beschleunigt.

Als Tageskarte: Was auf den ersten Blick bedrohlich und überwältigend aussieht, wird sich mit der Zeit als klein und letztlich als problemlos für Sie herausstellen. Sie müssen »nur« den richtigen Zeitpunkt abpassen und dann entschlossen handeln. Wie der »Gestiefelte Kater« im Märchen, der den riesigen Zauberer bittet, sich in eine kleine Maus zu verwandeln, um diese dann zu fangen und zu verspeisen. Greifen Sie zu, ziehen Sie sich im entscheidenden Augenblick nicht zurück!

Als Monatskarte: Hölzernen Aggressionen und einem hehren Draufgängertum – bei sich oder bei anderen – wirken Sie entgegen, wenn Sie Ihre Ziele und Absichten klären und sich für die lohnenden Ziele ganz und gar engagieren.

Als Jahreskarte: Die große Herausforderung: Ganz verschiedene Lebensziele – wie zum Beispiel ein emanzipiertes, sexuell aktives und kreatives Leben, Karriere, Familie und Muße – zusammen zu verwirklichen! Zeigen Sie (sich), dass Sie bereit sind, für Ihre Herzenswünsche wirklich alles zu tun.

Praxistipp: Kümmern Sie sich um eine gute Selbstdarstellung – und um Menschen in Not, die Ihr Licht und Ihr Feuer brauchen.

Ihr Weg zum Stern ist »Der Stern« (0 + XVII = XVII).

Ritter der Stäbe

Lebensreise als Abenteuer. Feuerproben bewirken *Läuterung*: Der einfache oder spontane Willen (was Sie sich vorgestellt und in den Kopf gesetzt haben) mausert sich zum wahren Willen (was das Leben mit Ihnen vorhat und was Sie in Ihrem Leben vor sich haben, auch wenn Ihnen dies noch nicht bewusst ist).

Wer viel Feuer hat, ist nicht nur besonders mutig, wild, wüst oder lustig; er oder sie ist vielleicht auch besonders müde, schüchtern, vorsichtig oder irritierbar. »Gebranntes Kind scheut das Feuer.« Feuereifer und Schwarzsehen können zwei Seiten einer Medaille sein. Hintergrund ist dann der Idealismus, ein abenteuerliches Wunschdenken, das den *Ritter* mitunter auszeichnet.

Erweitern Sie Ihre Kompetenz durch Einsicht und Verständnis – der beste Schutz vor Illusionen und Projektionen. Deuten Sie Ihre Wunschträume: Nehmen Sie sie ernst, aber nicht für bare Münze! Verstehen Sie sie in ihrer Bedeutung! Selbst frühere Verbrennungen werden dann heilen.

Als Tageskarte: Gehen Sie aus sich heraus, bringen Sie Ihr Inneres (Ihre Vorstellungen, Ansichten, Lebensart) nach außen, nicht ohne Rücksicht auf Verluste, aber ohne Rücksicht auf bestimmte Vor-Erwartungen oder Vor-Urteile.

Als Monatskarte: Bleiben Sie in Bewegung. Denn nur in der Aktion kommen Sie Ihren Zielen näher. Personen und Ereignisse werden Ihnen in ihrer Bedeutung klar, wenn etwas *geschieht*. Sie sehen mehr, als Sie wissen!

Als Jahreskarte: In Ihnen stecken enorme Energien. Wo es am dunkelsten ist, wird Ihr Licht am meisten gebraucht. Genau dort finden Sie *geeignete Lebensaufgaben*, die so groß sind, dass sich all Ihre Kräfte darin entfalten und zuspitzen. Helfen Sie Schwächeren, und machen Sie sich stark für sinnvolle Projekte, die vielen Menschen echten Nutzen bringen! Handeln Sie selbständig und feinfühlig!

Praxistipp: Zünden Sie heute mehrere Kerzen an. Jede für eine der kommenden Wochen. Widmen Sie jede Kerze einem besonderen Anliegen.

Ihr Weg zum Stern ist »Der Stern« (0 + XVII = XVII).

Page/Bube/Prinzessin der Stäbe

Jugendlichkeit – Frühlingsgefühle. Der Trieb ist größer als die Erfahrung. Tatendrang und Wachstumslust stellen Sie vor die Aufgabe, über sich hinauszuwachsen. Im Vergleich zu dem, was Sie vorhaben, ist die Lebenserfahrung relativ gering. Aber gerade das ist ein Merkmal Ihrer Jugendlichkeit.

Trieblust und Angst vor den Trieben: Verschwenden Sie Ihre Zeit nicht mit hohlen Sprüchen oder lieblosen Spielereien. Spielen Sie bewusst mit dem Feuer, das heißt, probieren Sie Ihre Kräfte aus, entdecken Sie die Möglichkeiten und bringen Sie Ihre Begeisterung, Ihre Lebensfreude, Ihre Triebkraft mit Witz und Würde ins Spiel.

Begreifen Sie Energien, die größer sind als Sie. Hüten und schützen Sie sich vor Engherzigkeit.

Als Tageskarte: Halten Sie sich an das, was Ihr Herz in Schwung hält! Tun Sie etwas, und meiden Sie schwärmerischen Eifer.

Als Monatskarte: »Und jedem Anfang wohnt ein Zauber inne, der uns beschützt und der uns hilft zu leben ...« (Hermann Hesse). Wie Sie einst die Welt betreten haben, voller Lebenswillen, instinktivem Wachstumsdrang und selbstverständlicher Triebkraft, so liegt es nun an Ihnen, auch Ihr jetziges Leben hingebungsvoll zu entdecken und jeden Erfolg oder Misserfolg, jedes Ereignis als neue Erfahrung zu begrüßen.

Als Jahreskarte: »Wenn man Feuerproben bejaht und als *innere Reinigung* erlebt, kann man alt an Erfahrung und an Jahren werden, ohne alt im Herzen oder alt im Kopf zu werden. Man muss sich würdigen Zielen bewusst weihen« (Susanne Peymann).

Praxistipp: Sie haben in der Vergangenheit bewiesen, dass Sie ganz *Feuer und Flamme* sein können! Diese Gabe müssen Sie auch jetzt wieder in sich wachrufen, aktivieren etc. Kümmern Sie sich um Ihre Wünsche und Ängste. Klären Sie die Fragen zuerst, von denen die stärkste Energien ausgehen.

Ihr Weg zum Stern ist »Der Stern« (0 + XVII = XVII).

Ass der Stäbe

Die Lebendigkeit des Feuers. Das Feuer schenkt Ihnen die Kraft der Triebe, die Flamme der Lebendigkeit und die Dynamik des Willens. Viele Versionen dieser karte zeigen eine Hand aus der Wolke: Es ist ein Geschenk des Lebens, dass Sie jetzt das Feuer noch einmal neu entdecken und in die Hand nehmen können. Der Wille zu sich selbst und die Lust, über sich hinauszuwachsen, stellen die beiden Pole eines Feuerstabs dar.

Vom Gefühl her stellt sich nicht immer eine starke Beziehung zu dieser Karte her. Aber das kann gerade das Thema sein: Erinnern wir uns an das Märchen von »Tischlein deck dich, Goldesel streck dich, Knüppel aus dem Sack«. Ohne jenen Knüppel und die Fähigkeit, gleichsam die Katze aus dem Sack zu lassen, die eigenen Interessen buchstäblich zu ent-decken und durchzusetzen, führen selbst die schönsten Errungenschaften nicht zu Glück und Zufriedenheit. Ohne diesen *Stab* machen die Meckerziege und der missgünstige Wirt einfach, was sie wollen.

Als Tageskarte: Mit dem »Ass der Stäbe« bietet sich die Aufgabe, aber auch die Chance, das Feuer neu zu entdecken und noch einmal neu in die Hand zu nehmen. Lassen Sie sich von niemand das Gesetz des Handelns aufzwingen. Sie haben das Heft in der Hand.

Als Monatskarte: Ein »Clou« der Feuerenergien liegt auch darin, dass sie sich erneuern, indem sie brennen und verbrennen. Sie finden ein neue Kräfte und ein neues Einsatzgebiet für Ihre Energie. Tragen Sie dazu bei, dass menschliche Kälte, Farblosigkeit und »tote Hosen« ebenso in ihre Schranken verwiesen werden, wie die ohnmächtigen und gewaltsamen Feuerkräfte, die über die Erde irrlichten.

Als Jahreskarte Gehen Sie aufs Ganze! Überwinden Sie unnötige Hemmungen und haltlose Sorgen. Entdecken Sie die Kraft der Schöpfung, die in Ihnen und durch Sie wirkt, die in Ihre Hand gegeben ist und von der Sie gleichzeitig ein unendlich kleiner Teil sind. Entdecken Sie Ihre Möglichkeiten, Ihre schöpferische Macht, Ihren wahren Willen für sich und Ihre visionären Lebensziele.

Praxistipp: Zünden Sie heute ein Feuer an!
Ihr Weg zum Stern ist »Der Turm« (1 + XVI = XVII).

Zwei Stäbe

Lust und Last des Anfangs: Die Kunst, mit sich und anderen etwas *anfangen* zu können. Herausforderung durch Triebe und Energien, die sich widersprechen oder ergänzen.

Die Qual der Wahl kann sich auf kurzfristige Absichten beziehen, auf Aufgaben und Prioritäten im Tagesablauf. Doch auch massivere Grundkonflikte können Thema sein, etwa wenn man zwei Menschen gleichzeitig liebt oder zum Beispiel den Konflikt zwischen Familie und Karriere verspürt.

Die Botschaft dieser Karte lautet: Es gibt eine sinnvolle Lösung. Es ist möglich, auch riesige Konflikte zu meistern. Allerdings ist eine Überprüfung von Prinzipien, Basiswerten oder Grundentscheidungen erforderlich. Wie auch immer die Lösung im Ergebnis aussieht, sie hat mit einer »alchemistischen Wandlung« vom Groben zum Feinen zu tun: Das zunächst riesige Problem gilt es in Abschnitte zu teilen, so dass sie es Stück für Stück handhaben können. Das ist besser, als »auf die Schlange zu starren« und besser als ein fauler Kompromiss!

Als Tageskarte: Lassen Sie sich nicht in eine Zwickmühle treiben. Versuchen Sie nicht anderen Ihren Willen aufzuzwingen, und lassen Sie sich selbst nichts diktieren. Warten Sie solange, bis sich Ihre Sicht der Dinge rundet und bis Ihr Entschluss feststeht. Wenn Sie soweit sind, zögern Sie nicht länger, bringen Sie Ihren Ball ins Spiel! Handeln Sie mit ganzer Macht

Als Monatskarte: Bedeutende Aufgaben fordern Sie heraus! Behandeln Sie auch große Konflikte wie normale praktische Aufgaben Untersuchen Sie die gegebenen Notwendigkeiten. Es gibt immer die Möglichkeit zu einem neuen Anfang

Als Jahreskarte: Vermeiden Sie Stückwerk und Halbherzigkeiten. Der Erfolg hängt davon ab, dass Ihr Wille und Ihre Begeisterung ungebrochen sind! Dabei zählen Vertrauen in die eigene Kraft, Entschlossenheit, Beherrschtheit und die Kunst, »gegnerische« Energien einzuschätzen, zu neutralisieren oder zu nutzen.

Praxistipp: Sorgen Sie für Bewegung und gute Durchblutung! Sie müssen sich bewegen, damit Sie wissen, was zu tun ist!

Ihr Weg zum Stern ist »Der Teufel« (2 + XV = XVII).

Drei Stäbe

Die Kraft der Besonnenheit. Stärken und Schwächen dieser Feuer-Karte hängen davon ab, inwieweit Licht und Schatten wahrgenommen oder verdrängt werden. Ahnungslosigkeit und Arglosigkeit können zu einem »sonnigen Gemüt« ohne Tiefgang gehören; ein Gefühl der Ausweglosigkeit und der Hilflosigkeit mag sich einstellen, wenn Schattenseiten oder Abgründe dann doch begegnen: »Denn sie wissen nicht, was sie tun« oder »denn sie wissen nicht, wie ihnen geschieht«.

Doch Sie haben die Fähigkeit, mit unerwarteten Entwicklungen kreativ umzugehen. Die Sonne symbolisiert generell die Kraft der Schöpfung und die Macht des Bewusstseins. Mit diesen Tugenden wird es Ihnen gelingen, Schwierigkeiten zu bestehen und in ihnen sogar neue schöpferische Möglichkeiten zu erkennen. »Even the bad times are good« – sogar schlechte Zeiten sind gute Zeiten, wenn Sie Ihr Licht und Ihre Sonne für sich und für andere nützlich machen.

Bleiben Sie geduldig und fest in Ihrem Willen. Setzen Sie sich für Ihre Sache ein, beginnen Sie, auch wenn andere noch nicht anfangen. Wenn Sie sich ganz hinein geben, werden Sie andere »anstecken« und mitziehen.

Als Tageskarte: Suchen Sie eine neue Begeisterung, auch und gerade wenn Sie vor großen Aufgaben stehen. Widersetzen Sie sich reflexartigen Reaktionen. Schauen Sie, wofür Sie sich nachhaltig erwärmen können: Bewegen Sie sich, recherchieren Sie, fragen Sie nach und schlafen Sie darüber – und dann handeln Sie so, dass Sie sagen können: Es ist gut so!

Als Monatskarte: Halten Sie Ausschau nach neuen Lösungswegen! Machen Sie aus der Not eine Tugend! Es gibt bessere Lösungen, die Ihren ungeteilten Einsatz und Ihre ganze Kraft erfordern – und zur Geltung bringen. Mit Besonnenheit und ganzem Engagement erreichen Sie Ihr Ziel.

Als Jahreskarte: Bewusstheit in und bei Ihren Handlungen ist der springende Punkt. »Wenn du weißt, was du tust, kannst du tun, was du willst« (Moshé Feldenkrais).

Praxistipp: Kommen Sie zu sich, unterbrechen Sie die Routine.

Ihr Weg zum Stern ist die »Mäßigkeit« (3 + XIV = XVII).

Vier Stäbe

Kraftort – Hochenergie. Nicht nur an bestimmten Naturschauplätzen oder magischen Stätten finden wir einen solch besonderen Ort. Kraftzentren sind überall, wo große Energien und große Erwartungen aufeinander treffen.

An einem Kraftort zu leben, heißt, an einem Schnittpunkt vielfältiger Energien und Interessen zu leben. Es bedeutet nicht nur ein »Kribbeln im Bauch«, sondern ein Kribbeln, das den *ganzen* Menschen erfasst. Es geht um eine erhöhte, gesteigerte Lebendigkeit. Wir alle haben eine große Sehnsucht danach, aber auch eine gewisse Furcht davor, weil es den Rahmen des Üblichen sprengen könnte. Die Lust, »außer Rand und Band« zu geraten, löst auch Ängste aus, die wir berücksichtigen müssen und aufheben können. Erschrecken Sie nicht vor widersprüchlichen Erfordernissen und Angeboten des Augenblicks.

Es besteht die Gefahr der Übertreibung und der hochgespielten Konflikte: Ungelöste Probleme können sich summieren oder potenzieren. Bevor diese Widersprüche eskalieren, sollten Sie zu den Wurzeln zurückkehren. Entwickeln Sie Ihre eigenen Regeln und halten Sie sich daran.

Als Tageskarte: Ihre aktuellen Fragen erfordern großen Energieeinsatz. Die Aufgabe gleicht einer »Quadratur des Kreises« und zeigt scheinbar unlösbare Widersprüche. Bringen Sie die Widersprüche *zum Tanzen*.

Als Monatskarte: In der Mitte eines Wirbelsturms gibt es einen Punkt, einen Moment von großer Ruhe. Finden Sie den Weg in die Mitte, und Sie werden auch rasante äußere Bewegungen mit großer innerer Liebe und Klarheit erleben.

Als Jahreskarte: Gehen Sie für sich selbst keine Kompromisse bei Grundüberzeugungen und persönlichen Selbstverständlichkeiten ein! Drücken Sie sich nicht um die Wahrnehmung und Erledigung unangenehmer Aufgaben. Fassen Sie den Mut, Grenzen zu überwinden.

Praxistipp: Respektieren Sie die *ganzen* Bedürfnisse und Neigungen – die eigenen wie die der anderen.

Ihr Weg zum Stern ist der »Tod« (4 + XIII = XVII).

Fünf Stäbe

Die Quintessenz des Feuerelements: Wert und Bedeutung des (eigenen) *Willens*, der Triebe und der Taten (und Tat-Sachen). Was Sie und andere wollen, ist permanent in Bewegung. Viele Flammen brennen, und der persönliche Wille bildet sich immer wieder neu. Das hält Ihr Feuer – und Sie selbst – lebendig. Es ist gut, wenn verschiedene Beweggründe, Interessen und sonstige Energien miteinander ringen und darum wetteifern, wo es im Moment lang gehen soll.

Bringen Sie vielfältige Neigungen und Interessen »unter einen Hut«, nutzen Sie sie ... spielend: »Der Mensch spielt nur, wo er in voller Bedeutung des Wortes Mensch ist, und er ist nur da ganz Mensch, wo er spielt« (Friedrich Schiller). Damit sind nicht zuletzt die Freiheit und der Willen im täglichen Handeln gemeint: Ohne »spielendes« Streben, Lernen und Wagen gibt es kein inneres Feuer, keine Lebendigkeit, keine Kreativität! Bringen Sie selbst sich ganz ins Spiel und vertrauen Sie sich dem Spiel der Kräfte an.

Als Tageskarte: Schmiede das Eisen, solange es heiß ist!

Als Monatskarte: Begreifen Sie Ihre aktuellen Aufgaben als Bewährungsprobe für Ihre Entschlossenheit und Willensstärke. Kombinieren Sie die vorhandenen Energien und Kräfte, und fassen Sie sie zusammen! Beziehen Sie andere in Ihre Vorhaben, in Vorbereitung und Durchführung mit ein!

Als Jahreskarte: Messen Sie Erfolge aber nicht nur daran, ob sich einmal ausgedachte Vorstellungen auch verwirklichen lassen. Der Lauf der Dinge zeigt, was das Leben »will«. Das Spiel der Kräfte entfaltet die inneren Motive und Absichten der Beteiligten. Es ist Ihre Chance und Aufgabe, den vorhandenen Energien – bewussten wie unbewussten – eine sinnvolle Richtung zu weisen. Möglicherweise erzielen Sie andere Erfolge, als Sie sich vorgestellt haben; aber diese werden größer, vielfältiger und dauerhafter sein.

Praxistipp: Spielen Sie Mikado. Werfen Sie die Stäbchen des I-Ging. Oder ziehen Sie fünf Tage lang eine Tarot-Karte, jeweils eine. Errechnen Sie dann die Quersumme dieser fünf Karten, und nehmen Sie die zugehörige Große Karte des Tarot als Spiegel für den aktuellen Schnittpunkt des Feuers in Ihnen!

Ihr Weg zum Stern ist »Der Gehängte« (5 + XII = XVII).

Sechs Stäbe

Ganzheitliches Leben – ganzheitliche Willensbildung: Ihre optimale Kraft entfalten Sie, wenn Sie Stärken und Schwächen gemeinsam ins Feld führen. Eine runde Sache, wenn Sie den unterschiedlichsten Bestrebungen Raum geben und Sie diese zusammenzufassen verstehen. So werden und bleiben Sie der Spielleiter und die Regisseurin in Ihrem Leben.

Vertreten Sie, was Sie innerlich bewegt, und setzen Sie sich ganz dafür ein. Hüten und schützen Sie sich vor falschem Heldentum, das von Schwächen nichts wissen möchte. Ebenso vor falscher Schüchternheit oder unangebrachter Bescheidenheit, die von den eigenen Stärken nichts erwartet.

Lassen Sie sich nicht bedrücken, und setzen *Sie* andere nicht unter Druck! Folgen Sie dem, wofür Sie eine *Schwäche* besitzen, treten Sie für Ihre Überzeugungen ein. Dann sind Sie wie ein Lauffeuer: Nicht aufzuhalten!

Als Tageskarte: Kompliziert scheint Ihre Lage, wenn Sie von den vielen Energien nur einzelne berücksichtigen. Oder wenn Sie quasi viele »Stäbe« auf einen Haufen werfen, ohne diese zu sortieren. Möglicherweise entwickeln sich die Dinge ganz anders, als Sie sich das vorgestellt haben. Doch weder ins Chaos gleiten lassen, noch krampfhafte Verteidigung Ihrer Vorstellungen ist angesagt.

Als Monatskarte: Verstehen Sie, was Sie und andere bewegt, und setzen Sie dies in gemeinsame Projekte um. Lassen Sie sich von anderen in ihrer Begeisterung anstecken, und bringen Sie selbst andere in Bewegung. Sie sind am unwiderstehlichsten, wenn Sie aus sich heraus handeln, weder übertreiben, noch untertreiben.

Als Jahreskarte: Die Zusammenarbeit mit allem, was das Leben Ihnen schickt und schenkt, entwickelt sich. Nehmen Sie »Zufälle« und Gleichzeitigkeiten bewusst wahr. Schauen Sie, was sie Ihnen zu sagen haben. Und handeln Sie danach.

Praxistipp: Sie haben die Kraft, eigene und fremde Bestrebungen, Stärken und Schwächen, gewollte und ungewollte Ereignisse »unter einen Hut« zu bringen!

Ihr Weg zum Stern ist die »Kraft« bzw. »Gerechtigkeit« (6 + XI = XVII).

Sieben Stäbe

Die Karte der *Kundalini*-Kraft, der Schlangenkraft oder der entfalteten Trieb- und Lebensenergien. Stellen Sie sich einen Sportler oder eine Künstlerin vor, der oder die viele einzelne Bewegungsabläufe über einen langen Zeitraum gelernt hat. Eines Tages kommt der Moment, wo die einzelnen Bewegungsabläufe zu einer großen neuen Bewegung zusammengesetzt werden. So werden Kunststücke und Leistungen möglich, die über den Rahmen des bisher Möglichen weit hinausgehen. An eben solch einem Punkt stehen Sie! Es gilt nicht nur: *Entdecke die Möglichkeiten;* sondern auch: *Erweitere Deine Möglichkeiten!*

Aktionismus und Ehrgeiz schaden dabei nur. Entscheidend ist ein neues Niveau, ein »ausgeschlafener« Stil im Einsatz der Kräfte. Das Ziel und der Lohn: Sie erreichen mehr, während Sie (sich) weniger verschleißen. Das hört sich fantastisch an, und das *ist* es auch! Und doch ist es nichts Unerklärliches, die Erklärung liegt auf der Hand: Wie wir manche Aufgaben als Erwachsene mit einer Selbstverständlichkeit beherrschen, die uns als Kind unvorstellbar gewesen ist, so erreichen wir eine steigende Souveränität in der Bewältigung von großen Aufgaben und starken Energien. Wir müssen nur, auch hier, unsere Lektionen lernen.

Als Tageskarte: Definieren Sie ein neues Aufgabenfeld, einen neuen Handlungsrahmen. Überwinden Sie Mutlosigkeit und blinden Eifer. Spitzen Sie (Ihre) Kräfte zu. Entspannen Sie sich, um sich zu konzentrieren.

Als Monatskarte: Konzentrieren Sie alle spürbaren Energien, handeln Sie damit, ohne sich auf ein bestimmtes Ergebnis zu fixieren.

Als Jahreskarte: Jeder Versuch, die Dinge zu manipulieren, um dadurch den eigenen Willen »durchzudrücken«, ist überflüssig, ja, sogar hinderlich.

Praxistipp: Machen Sie sich eine Liste mit den (sieben) wichtigsten Wünschen oder Aufgaben (das soll spontan vor sich gehen; nehmen Sie sich dazu nicht mehr als zwei Minuten Zeit) – dann fassen Sie die Liste in einem Satz zusammen und bewegen Sie sich.

Ihr Weg zum Stern ist »Das Rad des Schicksals« (7 + X = XVII).

Acht Stäbe

Intuition – erhöhter Energieumsatz. Bekennen Sie Farbe und zeigen Sie Ihre Kraft! Auf vielen Ebenen gleichzeitig können Sie nun Erfolge und Erfahrungen sammeln. Sie gewinnen vielfältige Unterstützung. Erleben Sie den Austausch mit einem großen Energiefeld (im Privatleben, im Beruf usw.). Die Karte steht für erfolgreiche »Energieübertragungen« und »Massenbewegungen«, für die Fähigkeit, andere zu bewegen sowie sich selbst bewegen zu lassen.

Allerdings ist dies auch die Karte der Projektionen und der Gaukeleien. Projektionen sind eine gesteigerte Form des Wunschdenkens: Man verlagert innere Regungen und persönliche Motive nach außen, man projiziert seine Wünsche und Ängste auf Personen, Dinge und Vorgänge – sie begegnen einem scheinbar von außen, wie Geister oder als scheinbar objektive Sachverhalte. Da fällt es schwer, Wunsch und Wirklichkeit (sowie auch Angst und Wirklichkeit) auseinander zu halten. Aufgabe und Lösung bestehen darin, zu wachsen – an Einsicht, Kompetenz und Verständnis zuzulegen.

Als Tageskarte: Sie brauchen (noch mehr) Lauterkeit! Das größte Opfer Ihrer Projektionen – wenn es denn solche gibt – sind Sie selbst. Was nützt es, wenn Sie immer mehr erreichen, solange Sie einem Wahnbild hinterherlaufen oder einem Fetisch/Abgott aufsitzen?

Als Monatskarte: Verfeinern Sie Ihre Wahrnehmungen und Ihre Ausdrucksmöglichkeiten. Wie man Träume deutet, so müssen Sie Motive und Visionen interpretieren: Was bedeuten sie für Sie? Was wollen Sie mit Ihren Aktionen und Erfolgen letztendlich für sich erreichen?

Als Jahreskarte: Sorgen Sie für einen guten Energiefluss und gute »Schwingungen«, im Umgang mit sich selbst und mit anderen. Machen Sie sich bewusst, was Sie und andere wirklich bewegt! Dann werden Sie *ohne jede Manipulation* viele Interessen unter einen Hut und viele Energien in Bewegung bringen!

Praxistipp: Heute schon bewegt? Gehen Sie nach draußen. Auch im Regen kann das schön sein.

Ihr Weg zum Stern ist »Der Eremit« (8 + IX = XVII).

Neun Stäbe

Hellwach – Wahrnehmungsvermögen. Sie haben die Kraft, mit wachen Sinnen zu erfassen, *was geschieht,* und darauf angemessen zu reagieren. Ihre Wahrnehmungen sind der Schlüssel für Ihre aktuellen Fragen: Was Sie sehen und hören, muss zum Beispiel nicht unbedingt übereinstimmen; solche Abweichungen offenbaren wichtige Einsichten. Achten Sie auch auf sprachlose Vorgänge, gehen Sie in sich wie der »Eremit«.

Gelebte Träume können wunderbare Träume sein (wenn man damit erreicht, dass Wunschträume erfüllt und Angstträume erledigt werden). Aber es gibt *gelebte Träume,* die nicht von Wundern, sondern von Wunden herrühren; sie ersetzen den Realitätssinn und sind wie ein fester oder hartnäckiger Schlaf, wie eine Nacht oder ein Film, der auch am Tage, auch im Wachzustand nicht endet. Steigen Sie aus solch einem »Film« aus, indem Sie sich an überprüfbare Wahrnehmungen halten und an *alle* vorhandenen Erfahrungen.

Als Tageskarte: Ihre aktuellen Lösungen hängen damit zusammen, lebendiger zu leben und mehr vom Leben mitzubekommen. Beflügeln Sie Ihre Sinne! Ihre Träume können Sie nicht im Traum verwirklichen.

Als Monatskarte: Nach einem Streit oder einer besonders glücklichen Feier – jedes Mal liegt eine bestimmte Energie in der Luft, die nicht sichtbar, aber dennoch förmlich mit Händen zu greifen ist. In diesen besonderen Situationen fällt es uns ganz leicht, vorhandene Energie- oder Spannungszustände wahrzunehmen. Ihre Chance und Ihre Aufgabe ist es, diese vorhandenen »Energieladungen« möglichst immer mitzubekommen.

Als Jahreskarte: Es braucht mehr als eine Willensentscheidung oder Kraftanstrengung, um aus dem »Film« liebgewordener Vorstellungen und unbewusster Träume auszusteigen. Den »Film« abzuschalten und die wirklichen Wünsche zu erkennen, bedeutet, blinde Flecken aufzudecken.

Praxistipp: Schauen Sie genau hin, ohne etwas zu bewerten. Auch: gehen Sie nach draußen, schließen Sie die Augen und nehmen Sie die Welt mit den anderen Sinnen (Ohren, Nase und Haut) wahr.

Ihr Weg zum Stern ist die »Gerechtigkeit« bzw. »Kraft« (9 + VIII = XVII).

Zehn Stäbe

Abenteuer und Ankunft. Dies ist die Karte der Abenteuer und zugleich die Karte des Nachhause-Kommens und Zuhause-Seins. Auch in der Sprache besteht dieser Zusammenhang: Abenteuer *(adventure)* hat das Wort Ankunft *(Advent)* zur Wurzel. *Abenteuer heißt Ankunft.*

Damit hat es auch folgende Bewandtnis: Heimat ist nicht nur ein Ort, Heimat ist vielmehr ein Energiezustand. Das größte Abenteuer besteht darin, sich allen Lebensenergien zu öffnen. Das bedeutet eine umfassende Zuneigung zu allem, was lebt. Wo wir uns allseitig entfalten und verwirklichen können, da sind wir ganz zuhause, da haben wir Heimat.

Setzen Sie also nicht »viele«, sondern *alle* Energien ein! Um alle Kräfte einzusetzen, muss man zunächst die vorhandenen Aufgaben annehmen. Über *viel* Energie zu verfügen, ist erst ein Glück, wenn man weiß, *wohin* damit. Sonst staut sie sich zu Hemmungen oder Hindernissen auf. Sie brauchen geeignete Ziele, die Sie und die Dinge in Bewegung halten, und Aufgaben, an denen Sie wachsen und die sich mit Ihnen weiterentwickeln.

Als Tageskarte: Zeigen Sie ganzen Einsatz! Lassen Sie »hundert Blumen blühen«! Mit Gewalt blockieren Sie den Energie-Fluss und erreichen nicht das Optimum.

Als Monatskarte: Sie müssen 100 Prozent Einsatz zeigen, und dafür brauchen Sie klare Ziele. Das erfordert eine Abgrenzung von haltlosen Wünschen und leblosen Pflichten. Und eine tatkräftige Zuneigung: Sie müssen sich vorwagen und ganz hineingeben.

Als Jahreskarte: Geeignete Lebensaufgaben zeichnen sich dadurch aus, dass sie alle Ihre Kräfte mobilisieren und alle zugänglichen Energien *bündeln.* Sie führen über Sie selbst hinaus, schaffen Ziele außerhalb der eigenen Person und verhindern ein »Doppelleben«, indem Ihre Wünsche zur Wirklichkeit und der Alltag zum Abenteuer werden.

Praxistipp: Solange Sie nicht wissen, was für Sie die passenden Ziele und (Lebens-) Aufgaben sind, ist die Suche danach Ihre Hauptaufgabe.

Ihr Weg zum Stern ist »Der Wagen« (10 + VII = XVII).

Kelche

Königin der Kelche

Die Stimme des Herzens. Diese Karte betrifft spontane Gefühle und grundlegende seelische Bedürfnisse. Viele Kommentare kennen die *Königin* offenbar nur zur Hälfte. Entweder wird sie ausschließlich gelobt – für ihre einfühlsamen, emotionalen und medialen Fähigkeiten. Oder die *Königin der Kelche* wird mit Skepsis beschrieben – wegen ihrer Verschlossenheit, ihrer Nabelschau oder dem Sog, der von ihr ausgeht.

Tatsächlich treffen alle diese Aspekte zu, doch es kommt darauf an, eben die *Widersprüchlichkeit der Gefühle* auf einen (!) Begriff zu bringen. Zum Inhalt der Karte gehört gerade die *Überwindung der Einseitigkeiten* im Seelenleben! Im Bild zeigen sich in verschiedenen Versionen Abgrenzung und Geschlossenheit einerseits *und* die Offenheit der Seele andererseits. Beide Pole sind Voraussetzungen eines intakten Seelenlebens und Quellen der Persönlichkeit. Zusammen bewirken sie, dass Sie nicht zerfließen, nicht verhärten – und seelisch überhaupt ein eigenes Leben führen.

Offenheit und Abgrenzung, Sympathie und Antipathie, Zuneigung und Abneigung sind die Grundrichtungen der seelischen Bedürfnisse, die sich als Kelche darstellen. Diese verschiedenen Gefühlsströme anzuerkennen und zu unterscheiden, verleiht auch Ihnen eine »königliche« Souveränität in Herzensangelegenheiten.

Als Tageskarte: Atmen Sie und fühlen Sie. Schmücken Sie sich und Ihre Lebensumgebung. Zeigen Sie die Schönheit und die Kostbarkeit Ihrer Gefühle. Öffnen Sie Ihr Herz – für alles, nicht für jedes.

Als Monatskarte: Seelische Eigenständigkeit und persönliche Ganzheit sind ohne Liebe nicht machbar. Mut zum Gefühl heißt hier Mut zur Liebe.

Als Jahreskarte: Sie besitzen und Sie brauchen den Mut, das scheinbar Unmögliche möglich zu machen: Ganz offen zu sein für alles, während Sie sich auf keine Kompromisse einlassen, was Ihre eigenen Gefühle angeht.

Praxistipp: Gehen Sie an einem Fluss oder See spazieren. Setzen Sie sich dort nieder und meditieren Sie.

Ihr Weg zum Stern ist »Der Stern« (0 + XVII = XVII).

König (Prinz) der Kelche

Wahrheit des Verlangens und Verlangen nach Wahrheit. Begehren und Verlangen sind *verdichtete Gefühle*. Solange Sie die Macht der Seele nicht anerkennen, können Sie sich – und andere – stark verletzen. Sobald Sie aber damit leben, haben Sie Oberwasser und eine erfahrene, lustvolle Lebensart, »gutgelaunt wie ein Pascha und boshaft wie ein Stachelschwein« (Italo Calvino).

Fisch und Wasserschlange verweisen auf die notwendige Klärung von Instinkten und Bedürf-nissen, von Verlockungen und Verfüh-rungen. Sobald Ihnen auch verborgene Gefühle deutlich werden (wie das Wassertier, das hier oberhalb des Wasserspiegels erscheint), besitzen Sie eine Plattform, eine Basis echter Gefühle, auf die Sie bauen können. Schauen Sie unter die Oberfläche. So werden Sie zum Kapitän (zur Kapitänin) in Ihrem Leben. Die Erfüllung wesentlicher Wünsche und der Abbau wichtiger Ängste führen zur Bestätigung und zur Aufhebung des Verlangens in jenen wünschenswerten Zustand, wo Sie *wunschlos glücklich* sind.

»In den alten Zeiten, wo das Wünschen noch geholfen hat...«, so beginnen Märchen und so beginnen auch heute noch Lebensträume. Die Verwirklichung Ihrer Träume erreichen Sie jedoch nicht im Traum. Setzen Sie sich in Fahrt. Trennen Sie sich von den fruchtlosen Träumen und folgen Sie den aussichtsreichen.

Als Tageskarte: Gehen Sie Gefühlen (aller Beteiligten) auf den Grund. Haben Sie den Mut, Ihr wahres Verlangen zu ermitteln und auszudrücken.

Als Monatskarte: Nehmen Sie ein Licht mit, wenn Sie gelegentlich durch einen »Tunnel« fahren. Lassen Sie sich von Tabus und Schattenseiten weder erschrecken noch verzaubern!

Als Jahreskarte: Je besser Sie es verstehen, auch vage Gefühle wahrzunehmen und unverblümte Emotionen aufzugreifen, umso klarer wissen Sie, was Sie wirklich wollen. Sie sind in der Lage, die seelischen Weichen neu zu stellen

Praxistipp: Gehen Sie in den Keller, schauen Sie nach dem Eingemachten, klären Sie Erinnerungen und Erwartungen.

Ihr Weg zum Stern ist »Der Stern« (0 + XVII = XVII).

Ritter der Kelche

Kraft der Leidenschaft. Ein beflügeltes Lebensgefühl stellt sich dar, aber auch die Gefahr, in eine Traumwelt zu flüchten. Wenn Gefühle so groß sind, dass sie sich auf sehr lange Lebensabschnitte beziehen (etwa auf eine lebenslange Partnerschaft, eine Lebensaufgabe), werden Gefühle vor allem – zu einer Sache des Glaubens. Denn durch die bisherigen Erfahrungen kann nicht widerlegt und nicht bestätigt werden, was weit in die Zukunft reicht. Ein vernünftiger oder bewusster Glaube stützt sich dabei auf *alle* verfügbaren Erfahrungen.

Ihr Glaube umhüllt Sie so oder so – jeder Glaube, jeder Lebensentwurf, auch jeder Unglaube: Ein ungeeigneter Glaube hemmt, lähmt, macht alles schwer und träge. Ein stimmiger Glaube trägt, beflügelt und begeistert; er hilft über viele Schwierigkeiten hinweg. Hüten und schützen Sie sich vor blauäugigen Entschlüssen. Machen Sie sich innerlich frei und selbständig.

Kultivieren Sie Liebe und Leidenschaft. Bei allem und für alles, was Ihnen am Herzen liegt, werden Sie ein Leben lang lernen. Vermeiden Sie jede Künstlichkeit. Die richtigen Leidenschaften verwandeln Ihr Leben in ein Kunstwerk. Wenn Ihre Leidenschaften den Alltag leiten, brauchen und finden Sie die Herzens-Bildung und den »Energie-Mantel«, jene fast unangreifbare Ausstrahlung, die jede große Liebe auszeichnet.

Als Tageskarte: Ihre aktuellen Fragen erfordern »Mut zum Gefühl« und eine besondere Konsequenz in Ihren Gefühls- und Glaubensentscheidungen. Sie besitzen Herz und Ver-stand, um tiefe und erhabene Leidenschaften wahrzunehmen und auszuleben.

Als Monatskarte: Welche seelischen, emotionalen und spirituellen Ziele verfolgen Sie? Prüfen Sie, woran Sie glauben und wem Sie vertrauen.

Als Jahreskarte: Der Mensch lebt nicht vom Brot allein; mit der Sicherung des Lebensunterhalts ist kein Leben ausgefüllt. Es sind die großen Leidenschaften, die uns am meisten bewegen und mit denen wir am meisten bewegen.

Praxistipp: Behalten Sie einen kühlen Kopf. Rechnen Sie nach.

Ihr Weg zum Stern ist »Der Stern« (0 + XVII = XVII).

Page/Bube/Prinzessin der Kelche

Seelische Erleichterung. Verborgene Quellen werden offensichtlich, tiefe Gefühle mit leichter Hand erfasst. Durch Ihre Gefühle und in Ihren Gefühlen entdecken Sie Neuigkeiten. Nehmen Sie diese in die Hand und probieren Sie sie aus.

Die Larte bedeutet eine Ermunterung zur Leichtigkeit – dazu, die Dinge zu nehmen wie sie sind, ohne nach Ursachen zu fragen. Andererseits eine Warnung vor Leichtfertigkeit im Umgang mit dem Seelenleben. Isolierte Gefühle produzieren grundlose Ängste, sinnlose Sehnsüchte und glücklose Leidenschaften. Eine effektive Leichtigkeit in seelischen und Herzensangelegenheiten verlangt eine *Lösung* für wichtige persönliche Wünsche und/oder Ängste. Alles andere ist beschwerlich.

Ringen Sie um Klarheit und Wahrheit. Finden Sie das richtige seelische Verständnis. Wenn Sie sich und Ihre Mitmenschen verstehen, heilen Sie alte Wunden. Fruchtbare Gefühle fördern den Fluss der Dinge, schaffen kostbare und bleibende Momente im Strom des ewigen Wandels.

Als Tageskarte: Reinigen Sie Ihr »emotionales Konto«, begleichen Sie Schulden und holen Sie Außenstände ein – zwar auch finanziell, aber vor allem emotional und spirituell.

Als Monatskarte: Spielen Sie nicht mit den Gefühlen, ob es nun die eigenen oder fremde sind. Bewahren Sie dennoch eine spielerische Note, eine innere Unbeschwertheit. Scheuen Sie sich auch nicht, sich für Ihre Gefühle zu engagieren und, wo nötig, die erforderliche Härte zu zeigen.

Als Jahreskarte: Sorgen Sie für eine seelische Reinigung, für geprüfte Gefühle, die Ihnen einen verlässlichen Glauben und produktive Bedürfnisse bescheren. Vermeiden Sie es, »schmutzige Wäsche« zu waschen, in Fehlern, Schwächen und Ängsten zu wühlen.

Praxistipp: Putzen, abwaschen, säubern, duschen, schwimmen, baden – all dies kann jedoch den seelischen Prozess unterstützen. Ebenso wie fließende Tränen oder auch eine Trink-Kur.

Ihr Weg zum Stern ist »Der Stern« (0 + XVII = XVII).

Ass der Kelche

Die Reinigung der Seele. Sie selbst sind wie ein Kelch – ein Gefäß des großen kosmischen Stroms. Durch Untertauchen im Wasser erlebt Ihr gewohntes »Ich« eine symbolische Auflösung, auch eine enorme Ausweitung der eigenen Reichweite, was schließlich die Erfahrung vermitteln kann, dass der Tod und andererseits die Ewigkeit als Extreme diesem Leben zugehören. Im Wiederauftauchen aus dem Wasser bietet sich die Erfahrung einer seelischen Existenz an, die ohne starres Ego auskommen kann.

Sie – wie jeder Mensch und letztlich jedes Lebewesen – besitzen eine Seele mit einem eigenen Namen, der Ihre Verbundenheit mit *allem* Lebendigen und zugleich Ihre Besonderheit als Einzelwesen ausdrückt. Achten Sie darauf, dass Ihr Kelch stets in Verbindung mit dem großen Strom des Lebens, der »Weltseele« *(anima mundi)* bleibt; sonst wird das Wasser in Ihrem Kelch schal und abgestanden. Und pflegen Sie ebenso das Besondere, die Hervorhebung des eigenen Kelchs; sonst bleiben Sie namenlos.

Ein Pol ist der »mainstream«, der Hauptstrom, das, was *man* macht; der andere aber ist Ihr Einmaligkeit, das Unikat: Finden Sie Wege, in denen Sie Ihren Anteil und Ihren Unterschied deutlich machen.

Als Tageskarte: Jetzt ist nicht die Stunde großer Versprechungen oder Verheißungen, sondern der persönlichen Aufrichtigkeit. Bereinigen Sie, was Ihre Gefühle trübt.

Als Monatskarte: Betrachten Sie es für Ihre aktuellen Fragen als Geschenk und als Herausforderung, dass Ihnen Kelch und Wasser neu angeboten werden

Als Jahreskarte: Legen Sie sich – ohne Einschränkung oder Vorbewertung – Rechenschaft über Ihre Gefühle ab. Möglicherweise ist ein Wechselbad der Gefühle damit verbunden. Doch fürchten Sie sich nicht. Mit eventuellen Höhen und Tiefen, mit Seligkeiten oder Wachstumsschmerzen bieten Ihre aktuellen Fragen Ihnen vor allem die besondere Chance, Ihre Gefühle zu *leben*.

Praxistipp: Die seelische Reinigung kann durch äußerliche Putz- oder Reinigungsaktionen zwar keineswegs ersetzt, aber mitunter unterstützt werden.

Ihr Weg zum Stern ist »Der Turm« (1 + XVI = XVII).

Zwei Kelche

Quellen der Seele. Die Karte bewegter Gefühle, des Verliebt-Seins, der bewussten und der unbewussten Emotionen. Geteilte Freude ist doppelte Freude, und geteiltes Leid ist halbes Leid. Aber in der Symbolik gibt es auch die Motive des zerrissenen Vorhangs, des zerbrochenen Krugs, der halbierten Herzen: Eine geteilte Seele bringt nicht doppelte Freude, sie wirkt vielmehr wie eine innere Wunde – man ist verletzt und oft auch verletzend.

Schauen Sie den verschiedenen Seelenseiten ins Angesicht. Auch *ein* einzelner Kelch kann sehr verschiedene Inhalte transportieren: Wein oder Wasser, ein kostbares Nass oder ein schlimmes Gift. *Zwei* Kelche betonen grundsätzlich die Polaritäten des Seelenlebens – Sympathie und Antipathie, Zuneigung und Abneigung. Die berühmten »zwei Seelen in der Brust« muss jede/r für sich unterscheiden lernen und unter einen Hut bekommen.

Solange wichtige Seeleninhalte geteilt oder verstreut sind, wissen Sie innerlich oder seelisch *nicht,* wer Sie sind und was Sie wollen. Die Klärung unterschiedlicher Emotionen bedeutet seelische Reifung, die Aufhebung emotionaler Halbheiten aber das seelische Erwachsenwerden.

Als Tageskarte: Machen Sie die Gültigkeit Ihrer Gefühle nicht von fremder Zustimmung abhängig. Erforschen Sie unbekannte Emotionen. Der bewusste Umgang mit Gefühlen und Bedürfnissen ist entscheidend.

Als Monatskarte: Lernen Sie, auch in Gefühlsdingen zu unterscheiden. Auch in emotionalen und intimen Fragen besitzt jede/r das Recht, zu wählen und selbst zu entscheiden. Je klarer die Unterschiede, desto fruchtbarer die Gemeinsamkeiten.

Als Jahreskarte: Ein Prinzip der Seele ist das der Übertragung. Eine verletzte oder geteilte Seele gibt Trauer an andere weiter und nimmt Trauer von anderen in sich auf. Eine unverletzte oder geheilte Seele bringt sich und andere zum Klingen, ist Quelle einer unbeschwerten Freude.

Praxistipp: Treffen Sie sich mit einer lieben Person – und/oder verabreden Sie sich mit sich -, erzählen Sie von sich und hören Sie zu.

Ihr Weg zum Stern ist »Der Teufel« (2 + XV = XVII).

Drei Kelche

Die Sprache der Seele. Alles hängt hier von der Art, von der Qualität der Gefühle ab. Wo rohe, verletzte oder verletzende Gefühle fließen, wird die Lebenssituation komplett von diesen bestimmt. So sehr, wie die Karte einerseits für erfüllende, erhebende Gefühle steht, so sehr steht sie andererseits für abgehobene, auszehrende Seelenregungen. Die Anmut der Gefühle ist die positive Verheißung der Karte – die Arroganz der Seele die Warnung!

Das Bild beinhaltet eine Vermischung. Ein *Wir-Gefühl* kann zwar animierend und bestätigend wirken, doch es besteht die Gefahr, dass der oder die einzelne darin buchstäblich untergeht. Außerdem kann die Karte auch *gemischte Gefühle* zeigen. Dann regiert der Kompromiss, aus heiß und kalt wird lauwarm.

Im positiven Sinne bedeutet die Karte fruchtbare Gefühle und *begriffene Bedürfnisse*. Sie bewirken, dass jede/r Beteiligte sich in seiner Natur bestätigt fühlt und erblüht.

Als Tageskarte: Ein richtiges Wort zur richtigen Zeit wirkt Wunder. Sprechen Sie aus, was Sie fühlen! Trauen Sie sich! Tragen Sie jetzt dazu bei, dass jede und jeder in Ihrer Familie oder Lebensgemeinschaft sich wohlfühlen kann, ohne auf die je eigene Individualität zu verzichten.

Als Monatskarte: Lernen Sie, Ihnen fremde Emotionen zu begreifen. Teilen Sie ureigene Gefühle und Ansichten in passender Weise mit anderen.

Als Jahreskarte: Entwickeln Sie Ihr seelisches Wahrnehmungs- und Ausdrucksvermögen. Man muss einmal vergleichen, wie viele Fachbegriffe, wie viel Fingerspitzengefühl wir häufig im Berufsleben oder für ein Hobby besitzen, wie viele Jahre wir damit zubringen, eine Fremdsprache zu erwerben – und wie »unprofessionell«, wie ungebildet wir im Verhältnis dazu nicht selten im Bereich der Gefühle und der Seelensprache operieren. Studieren Sie die »Grammatik der Gefühle« und probieren Sie ihre Wirkungen!

Praxistipp: Scheuen Sie sich nicht vor »emotionalen« Reaktionen. Gehen Sie auf andere zu, oder grenzen Sie sich von ihnen ab, auch wenn es Ihnen noch ungewohnt erscheint.

Ihr Weg zum Stern ist die »Mäßigkeit« (3 + XIV = XVII).

Vier Kelche

Seelische Fassung. Ganzheitliches Seelenleben. Ihre Gefühle wirken gleichsam in alle vier Himmelsrichtungen, bauen unsichtbare Brücken oder Mauern.

Damit ist noch keine positive oder negative Aussage gemacht. Die Karte zeigt zunächst nur, dass alles, was passiert, mit ganzer Seele geschieht. Wenn jemand zum Beispiel launisch ist, so zeigt diese Karte, dass er *ganz* launisch ist. Das bedeutet im schlimmsten Fall eine unselige Besessenheit: Ein und dasselbe Gefühl wird in alle möglichen Richtungen *übertragen* und »ausgewalzt«. Überall findet man die Gefühle wieder, von denen man ausgegangen war. Im positiven Sinne finden Sie hier die erfreuliche Fähigkeit, im Rhythmus mit den seelischen Wechsellagen zu leben. Sie finden sich *überall* zurecht.

Die Gefahr des Eigensinns und die Chance des eigenen Sinns: Hier drohen Melancholie und eine Betäubung von Sinn und Sinnen, wenn der Zugang zu den eigenen Gefühlen oder der Ausgang daraus fehlt. In beiden Fällen müssen Sie zurück zur Wurzel, das heißt zum »Ass der Kelche«. Im Übrigen ist dies die Karte der *Meditation* und der *Inspiration:* Senken Sie den Geist ab, lauschen Sie nach innen, gehen Sie nach innen, finden Sie zu sich, um über sich hinauszugehen.

Als Tageskarte: Lassen Sie die Seele baumeln. Meditieren Sie oder erledigen Sie, was Sie hindert, zu meditieren und ruhig zu sein. In der Meditation, in der Stille finden Sie Wörter und Worte für Erfahrungen und Aufgaben, bei denen bislang Sprachlosigkeit herrschte.

Als Monatskarte: Akzeptieren Sie Freude und Trauer, Empfindungen von Mangel oder von Erfüllung als unterschiedliche Aspekte einer und derselben Realität – der Wirklichkeit der Seele.

Als Jahreskarte: Eine Seele besitzen alle Lebewesen. Aber erst durch die Unterscheidung der Gefühle, durch die Ausbildung eines seelischen Fassungsvermögens wird der Mensch zur Person, zu einem eigenen Resonanzkörper für das große kosmische Geschehen, zu einem Wesen mit *persönlicher* Seele, das heißt, mit einem eigenen Namen, mit einem benennbaren Eigen-Sinn.

Praxistipp: Lassen Sie die Seele baumeln.

Ihr Weg zum Stern ist der »Tod« (4 + XIII = XVII).

Fünf Kelche

Die Quintessenz des Wasserelements: Wert und Bedeutung der (eigenen) *Seele*, der Gefühle und der persönlichen Bedürfnisse. Nur wer sich wandelt, bleibt sich treu. Darauf verweist der Fluss im Bild. Der Wandel bringt einen Abschied vom Alten sowie den Übergang in ein unbekanntes Neues mit sich.

So kann es geschehen, dass Ihnen – scheinbar plötzlich – bisher unbeachtete Gefühle begegnen: Trauer, Wut, Reue und Scham oder manches andere; aber auch ungekannte Freude, neue Hoffnung, ungewohnte (seelische) Kraft und Ausdauer können sich einstellen, weil das Neue, das beginnt, alte, tiefe Wünsche erfüllt.

Häufig steht diese Karte mit *dunklen Ahnungen* in Zusammenhang. Immer wenn wir in eine wirklich neue Lebenssituation eintreten, besitzt die Seele davon vorab kein Bild, das sie in Träumen, Fantasien und Vorstellungen ausmalen könnte. Sie sieht *schwarz*. Sie *ist* schwarz wie ein unbelichteter Film. Meist sind dunkle Ahnungen (und entsprechende Träume und Stimmungen) das Zeichen eines beginnenden Wandels. Sobald man im neuen Lebensbereich angekommen ist, verschwinden sie wieder.

Als Tageskarte: Laufen Sie vor (Ihren) Gefühlen nicht weg! Lassen Sie Tränen zu, aber auch eine neue Begeisterung. Holen Sie sich Hilfe, wenn erforderlich. Und akzeptieren Sie, wenn andere Ihren seelischen Beistand brauchen. Lassen Sie es fließen!

Als Monatskarte: Schenken Sie sich und anderen »reinen Wein« ein! Es ist besser, eine Wahrheit »spät« zu akzeptieren als gar nicht. Eine Enttäuschung bietet stets auch die Gelegenheit zur Ent-Täuschung, das heißt, zum Abschied von Illusionen und zum Start in eine neue Klarheit.

Als Jahreskarte: Erleben Sie das große Geheimnis: Empfangen und loslassen! Offen sein für alles, was geschieht; Gutes und Schlechtes filtern; Gutes annehmen, Schlechtes ändern oder meiden!

Praxistipp: Wasserkuren – innerlich und äußerlich – können heilsam sein; ebenso baden und duschen. Sie brauchen Zeit und Raum für Ihre innere Erneuerung – richten Sie Ihren Tagesablauf danach ein.

Ihr Weg zum Stern ist »Der Gehängte« (5 + XII = XVII).

Sechs Kelche

Die andere Wahrheit. Alte Träume und tiefe Wünsche machen sich bemerkbar – vielleicht auf Umwegen oder in Gestalt von unerwarteten Begebenheiten. Alte Erlebnisse, Erinnerungen und Fantasien kommen hoch. Ihnen wird bewusst, dass weit zurückliegende Ereignisse noch lebendig sind und Ihr heutiges Leben beeinflussen. Auch weit vorausreichende Erwartungen können den Augenblick sehr bestimmen. Möglicherweise treten vermehrt Träume und Tagträume auf, vielleicht Unruhe oder Schlaflosigkeit, eventuell auch ein Gefühl von Ohnmacht oder Betäubung.

Frühe Gefühle und alte seelische Eindrücke. Stechapfelblüten – Gift und Medizin. Die kleine Frau besitzt ein Doppelgesicht, und der Teil steht hier für das Ganze: Auch die Erinnerungen an die (seelische) Kindheit zeigt uns ein Doppelgesicht von Freude und Trauer, von erfahrener Annahme und Ablehnung.

Als Tageskarte: Öffnen Sie sich für Erinnerungen, Träume und Ahnungen, auch wenn sie scheinbare Kleinigkeiten betreffen.

Als Monatskarte: Setzen Sie sich mit Ihren Erinnerungen behutsam auseinander. Was war damals gut, was nicht? Wie kann das Schöne von früher auch heute wieder gelingen, wie kann man das Schlimme von einst heute verhindern? Wie würden Sie sich heute helfen, wenn eine frühere Bedrohung oder alte ungute Gefühle noch einmal aktuell werden sollten?

Als Jahreskarte: Sie verfügen heute über mehr Alternativen im Umgang mit Wünschen und Ängsten. Sortieren Sie Ihre Gefühle. Wer Sie sind, wie Sie reagieren und wonach Sie verlangen, wird Ihnen neu bewusst. Lassen Sie sich auf diesen Erfahrungsprozess ein!

Praxistipp: Der richtige Anlass, um in Erinnerungen zu »schwelgen«, etwa um alte Fotos und Notizen auszugraben. Kümmern Sie sich um (Ihre) Kinder. Hören Sie auf das innere Kind in sich! Verabschieden Sie sich von kindlichen Reaktionsweisen und tun Sie, was Sie als erwachsene Frau oder als erwachsener Mann schon lange tun wollten!

Ihr Weg zum Stern ist die »Kraft« bzw. »Gerechtigkeit« (6 + XI = XVII).

Sieben Kelche

Seelisches Wachstum. Wenn Sie diese Karte ziehen, sind Gefühle, Wünsche und Verheißungen in Ihrem Leben wichtiger als sonst. Tatsächlich geht es nur vorwärts, wenn Sie die Intensität Ihrer Emotionen noch steigern!

Gesteigerte Emotionen sind schlimmstenfalls unbewusste Affekte und sinnlose Leidenschaften – im besten Fall jedoch ein bewusstes Verlangen und sinnvolle Leidenschaften. Die ersteren verzehren Sie und führen dazu, dass Sie nur noch ein Schatten Ihrer selbst sind. Die letzteren, das bewusste Verlangen, führen dazu, dass Sie über Ihren Schatten springen, seelisch und menschlich wachsen! Sinnlose Leidenschaften stellen *über-flüssige* Emotionen dar, die Sinn und Sinne betäuben; sinnvolle dagegen schaffen einen *Über-fluß* an Wohlbehagen, der Sinn und Sinne befriedigt.

Folgen Sie den Hoffnungen und bearbeiten Sie die Befürchtungen, von denen die stärksten Energien ausgehen. An Ihren »Früchten« werden Sie erkennen, was für Sie »stimmt«.

Als Tageskarte: Stellen Sie Ihre Emotionen auf den Prüfstand. Entwickeln Sie und vertreten Sie Ihren eigenen Maßstab – auch in Liebesdingen und intimen Wünschen.

Als Monatskarte: Ein mächtiges Verlangen sorgt dafür, dass gewisse Konventionen (Gewohnheiten, Übereinkünfte) »baden gehen«. Das kann Gift für die Seele sein – und das ist die Warnung dieser Karte. Es kann aber auch Medizin, ein Füllhorn für die Seele sein – nämlich dann, wenn die Konventionen bisher zu engherzig waren – und darin liegt die Ermunterung dieser Karte.

Als Jahreskarte: »Was fruchtbar ist, allein ist wahr« (Goethe). Manchmal stellt selbst die größte Sehnsucht und das »unrealistischste« Begehren gerade das richtige Verlangen dar, das Sie mit Gespür und Geschick auch erfüllen werden. Im anderen Fall aber sind selbst die kleinste Verlockung und die harmloseste Versprechung von Übel.

Praxistipp: Lassen Sie den Über-fluss an Wohlbehagen zu und diesen auch Freunden zufließen.

Ihr Weg zum Stern ist »Das Rad des Schicksals« (7 + X = XVII).

Acht Kelche

Haushalt der Gefühle. Hier geht es um kraftvolle Gefühle, die so groß sind, dass wir sie nicht mehr in einzelnen Kelchen selber in die Hand nehmen können. Wir sind mittendrin im Wasser. Daher fordert diese Karte zur Auseinandersetzung mit großen Gefühlen und Glaubensentscheidungen auf. Unglaube und Aberglauben führen zu Irritationen. Geprüfte Gefühle stärken Ihnen den Rücken, führen Sie auf neue Höhen, gerade wenn Sie dem inneren Drang, dem inneren Gefälle folgen.

Sich dem inneren Strömen (*Flow*) zu öffnen und es zu formen, heißt, nahe am Leben und der Lebendigkeit zu sein! Das ist im Übrigen das beste Mittel gegen Sucht und Abhängigkeit. Im Ergebnis erkennen Sie dabei die richtige *Bestimmung* für Ihr Leben, die seelische Heimat auf Ihrer Lebensreise. Sie finden sie eben dort, wo Sie dem (inneren) Fluss am nächsten sind. Das ist eine große spirituelle Erfahrung. Und gleichzeitig eine sehr praktische Methode der Alltagsbewältigung: »Wer faul ist, ist auch schlau« – wer dem Fluss der Energien folgt, der oder die strengt sich vergleichsweise am wenigsten an und erreicht zugleich am meisten!

Als Tageskarte: »Der Glaube versetzt Berge«: Befreien Sie sich von Hemmungen und schützen Sie sich vor Haltlosigkeiten. Lösen Sie sich aus inneren Abhängigkeiten, gleich welcher Art, damit »es« fließt!

Als Monatskarte: Wenn das Wasser fließt, folgt es seinem Gefälle. Für die Bildfigur heißt das entsprechend, dass sie ihrem Energiefluss folgt (sie folgt ihrem *inneren* Gefälle und steigt dabei im *Äußeren* empor).

Als Jahreskarte: Lernen Sie, alle Energien anzunehmen, zu sortieren und in ein Gleichgewicht zu bringen. Üben Sie Zuhören und Zutrauen. Lauschen Sie auf Ihren persönlichen Rhythmus und rechnen Sie mit der Macht der Zeit.

Praxistipp: Die innere Balance entscheidet. Feiern Sie genussvolle Feste und fasten Sie – alles ist wichtig, alles zu seiner Zeit.

Ihr Weg zum Stern ist »Der Eremit« (8 + IX = XVII).

Neun Kelche

Ein Meer von Gefühlen. Wie bei jeder *Kelch-Karte* ist hier entscheidend, *was* in den Kelchen enthalten ist. Wie oft hört oder liest man: »Bau auf Dein Gefühl« – aber selbstverständlich gibt es auch unwahrhaftige Seelenklänge, sinnlose Wünsche und unberechtigte Ängste. Diese unguten Gefühle werden mitunter aus Schönfärberei oder Furcht verschwiegen; mitunter jedoch wegen eines Problems, das Thema dieser Karte ist: Große Gefühle sind »ozeanische« Gefühle. Der Tropfen ist im Meer aufgelöst. Die Gefühle, Empfindungen und Eindrücke scheinen so stark *vernetzt* zu sein, dass sich dem Bewusstsein Vorstellungen wie »Wenn schon, denn schon«, »alles oder nichts« aufdrängen. Doch dies sind zwanghafte Alternativen, die keine Freiheit lassen – die buchstäblich Luft und Atem rauben.

Haben Sie den Mut, einen Unterschied zu machen! Lassen Sie sich nicht von Peinlichkeiten erschrecken oder von Sonderbarkeiten faszinieren. Bleiben Sie sich selbst treu, wenn Sie »aus der Reihe tanzen«! Dann gewinnen Sie den Reichtum der großen Gefühle ohne unerfreuliche Nebenwirkungen.

Im Meer der Gefühle existieren Ungeheuer, aber auch Schätze. Wir alle besitzen ein »Atlantis«, gewisse Werte und Kostbarkeiten, die einst oder im Laufe der Jahre untergegangen sind. Die Karte lädt Sie zu einer Rückbesinnung ein.

Als Tageskarte: Spielen sie auf der gesamten Klaviatur der Gefühle! Nutzen Sie die große Skala persönlicher Ausdrucksformen! Stellen Sie fest, welche Unterstützung Sie für Ihre Bedürfnisse gewinnen können und auf welche Bedürfnisse von anderen Menschen Sie (mehr) Rücksicht nehmen wollen.

Als Monatskarte: Schöpfen Sie aus vielen Quellen. Setzen Sie sich konkrete Ziele für Ihr Wachstum und Ihr Wohlbefinden.

Als Jahreskarte: Leben Sie die »ozeanischen« Gefühle, leben Sie mit einer großen Seele – nichts Menschliches bleibt Ihnen fremd und keines Ihrer Bedürfnisse geht leer aus!

Praxistipp: Gehen Sie schwimmen. Schwimmen heißt, sich dem »Es« anzuvertrauen: »Es« trägt Sie!

Ihr Weg zum Stern ist die »Gerechtigkeit« bzw. »Kraft« (9 + VIII = XVII).

Zehn Kelche

Hoch-Zeit des Lebens. Noch wichtiger als bei jeder anderen Kelch-Karte ist es hier, im Gefühls- und Seelenleben die richtigen Unterscheidungen vorzunehmen. Die bloße Fülle der Emotionen kann unproduktiv oder egoistisch sein, zu einem unwirklichen Leben wie unter Glas führen.

Im positiven Fall signalisiert diese Karte wunderbare Erlebnisse und Ereignisse. Große Leidenschaften erheben und erfüllen Ihr Leben. Große Energien können Sie aufnehmen und austeilen. Sie sind wie ein Kraftfeld, in dem Sie selbst und andere sich wohl fühlen.

Wachsen Sie daran, sich und Ihr Leben als *Gesamtkunstwerk* zu gestalten. Die großen Leidenschaften zu befriedigender Erfüllung zu führen, ist eine »Kulturarbeit«, in der Sie selbst als Teil enthalten sind. Sie gleicht einer Landschaftsgestaltung, einer Ökologie der Seele, und ist Bestandteil jeder praktischen Spiritualität.

Lösen Sie innere Fixierungen, und erfahren Sie sich als Pionier oder Pionierin: Kein Vorbild leuchtet Ihre Seele hinreichend aus. Seien Sie nicht hoch- oder kleinmütig. Jeder Mensch ist in seinem Seelenreich der oder die erste. Ermutigen Sie sich, Ihr Reich zu erkunden; nehmen Sie Ihre Mitmenschen an der Hand und führen Sie sie durch Ihr Seelen-Land!

Als Tageskarte: Haben Sie Mut zum Gefühl! Keine Angst vor großen Emotionen und großen Gefühlen! Je mehr Sie den persönlichen Erwartungshorizont (für sich und von anderen) ab- und aufklären können, umso mehr steht Ihnen der »Himmel« weit offen.

Als Monatskarte: Jetzt ist eine gute Gelegenheit, seelische, psychische und spirituelle Leidensgeschichten aufzuheben, kraftvollen und kühnen Leidenschaften beherzt ins Auge zu schauen.

Als Jahreskarte: Warum nur einmal oder wenige Male Hochzeit feiern? Jeden Tag können Sie sich »trauen«: sich und anderen vertrauen; sich selbst und Ihren Mitmenschen etwas zutrauen oder anvertrauen; sich mit vielen verbünden und mit einigen verbinden; mit allem, was das Herz bewegt, einen Bund fürs Leben schließen!

Praxistipp: Verlassen Sie die Routine!

Ihr Weg zum Stern ist »Der Wagen« (10 + VII = XVII).

Schwerter

Königin der Schwerter

Bewusstes Leben. Die Königin der Schwerter hat zwei Gesichter (manche Versionen der Karte zeigen dies auch im Bild): Sie ist eine strenge Richterin und eine lustige Elfen-Königin. Aufgabe der Schwerter ist es, neue und glückliche Alternativen für die Verwirklichung vorhandener Bedürfnisse aufzuzeigen. Nutzen auch Sie die Kraft des Schwertes, um sich von inneren und äußeren Abhängigkeiten zu befreien. Richten Sie sich auf. Lassen Sie sich nicht durch Äußerlichkeiten oder Kulissenzauber beeindrucken. Schärfen Sie Ihr Urteil.

Machen Sie sich an die *Beurteilung* des Anderen, des bisher Unbekannten, Ungeliebten, Unverstandenen. Ihr Vorstellungsvermögen wird herausgefordert. Ermitteln Sie liebevoll und gründlich. Analysieren Sie Schwingungen und gewinnen Sie Einsicht in Undurchsichtiges. Nehmen Sie dies als Chance, Bedürfnisse (besser) zu verstehen und zu vertreten.

Als Tageskarte: Kultivieren Sie Liebe, Lust und Zärtlichkeiten. Eine Zeit der Freiheit und des Genusses, der bewussten »Extras«!

Als Monatskarte: Sorgen Sie für Klarheit in Ihren Entscheidungen und in Ihrem Verhalten. Nehmen Sie gegebenenfalls eine Lupe oder ein Teleskop zur Hilfe. Andererseits sollten Sie es auch einmal ganz ohne »Brille« versuchen, nämlich ohne eine gefilterte oder gefärbte Optik!

Als Jahreskarte: Gehen Sie behutsam mit vorhandenen Ängsten um. Vorurteile und Ängste stellen mitunter Selbst-Behinderungen dar, Masken und Vorwände, die Sie blockieren. Vorurteile und Ängste drücken aber häufig auch *berechtigte Bedürfnisse* aus, nämlich Erfahrungen und Ansprüche, die noch kein besseres Sprachrohr gefunden haben. In der Macht des Schwertes liegt es, die geistigen Kapazitäten zu entfalten und zu verfeinern. Und dazu gehört es eben auch, Worte und Wörter für Erfahrungen zu finden, bei denen bislang Sprachlosigkeit herrschte.

Praxistipp: Verschaffen Sie sich Durchblick und Weitblick. Putzen Sie Ihre Brille und Ihre Fenster.

Ihr Weg zum Stern ist »Der Stern« (0 + XVII = XVII).

König (Prinz) der Schwerter

Wissen und Weite. Wenn Sie in Gedanken, Worten und Werken Himmel und Erde miteinander verbinden, werden Sie zu Meister oder Meisterin des Schwertes. Himmel und Erde stehen für geistige Unbedingtheit einerseits und praktische Notwendigkeit andererseits. Sie besitzen und Sie brauchen Klarheit und innere Konsequenz, das heißt auch Unabhängigkeit und Treue zu sich selbst, ein selbständiges Wissen und Gewissen.

Erfahrungen zu verarbeiten, bis sie zu klaren Begriffen und wertvollen Einsichten werden, heißt in Märchen und Mythen auch, Diamanten zu fördern oder seinen Stern zu finden! Andererseits erzählen diese Geschichten von unzugänglichen Glasbergen und vereisten Gefilden; dies beschreibt eher unerfreuliche Varianten eines »Triumph des Geistes«.

Vögel sind in vielen Versionen dieser Karte zu sehen. Aus einer Vogelperspektive können Sie grundlegende Bedürfnisse und anliegende Aufgaben gut überblicken, doch manche Aspekte können auch besonders leicht »übersehen« werden. Die Vögel symbolisieren hochfliegende Gedanken, und diese beinhalten (oder verkleiden) durchaus naheliegende Bedürfnisse. So sind, wenn von Vögeln die Rede ist, besonders Ihre sexuellen und Liebesbedürfnisse angesprochen. Der Vogel symbolisiert außerdem *auch* die »tierische« Seite des Denkens, Ihren »Spleen«, Ihren »Vogel«.

Als Tageskarte: Nutzen Sie Ihre geistigen Kräfte, um Bedürfnisse besser zu verstehen. Kümmern Sie sich darum, dass die wesentlichen Ansprüche und Erwartungen klar sind und klar bleiben. Dann werden Sie Ihr Königreich der Lüfte mit Freuden besitzen.

Als Monatskarte: Machen Sie sich auch klar, was Sie – von sich sowie von anderen – *nicht wissen* und nicht wissen können.

Als Jahreskarte: Ein »bewusster Umgang mit dem Unbewussten« führt Sie zu einem Selbstverständnis, das Platz lässt für Vernunft und Verrücktheit, Spontaneität und große Ziele, Abenteuer und Geborgenheit in der Welt.

Praxistipp: Hängen Sie für eine gewisse Zeit alle Spiegel in Ihrer Wohnung einmal umgekehrt auf, so dass Sie auf ihre Rückseite blicken!

Ihr Weg zum Stern ist »Der Stern« (0 + XVII = XVII).

Ritter der Schwerter

Erkenntnis und Leidenschaft. Radikalität und Konsequenz des Denkens. Radikalität bedeutet, etwas an seiner Wurzel zu fassen. Ein radikales Denken, das auch vor Tabus nicht Halt macht, beinhaltet Gefahren von Rücksichtslosigkeit und Verletzung. Die Chancen aber liegen in einem bewussten Umgang mit dem Unbewussten, in glücklichen Leidenschaften und bewussten Vergnügen – somit in einer erheblich gesteigerten Lebensqualität.

Entweder warnt diese Karte. So symbolisiert sie das so genannte »wilde Denken«: Das Pferd geht durch. Das Denken folgt dem Chaos des Unbewussten und ist somit zwar schneller, vielfältiger und beweglicher als das Denken in einer begrenzten Logik. Aber es wird selbst chaotisch. Damit laufen Sie Gefahr, zum »Geisterfahrer« zu werden. Außerdem erkennen wir hier einen Fanatiker: Der Reiter »dreht durch«. Das Leben wird an die Kandare genommen, jede Abweichung verfolgt, alles Unbewusste verdrängt. Das Denken wird steril, Rastlosigkeit entsteht aus Kontrollzwang und dem Mangel an Hingabe.

Oder aber die Karte ermuntert zur Freundschaft zwischen Ross und Reiter: Das Unbewusste soll *aufgehoben* werden. Leidenschaft und Erkenntnis beflügeln und zügeln sich dann gegenseitig. Ross und Reiter sind und werden eine Einheit.

Als Tageskarte: Wagen Sie (mehr) Verbindlichkeit und Konsequenz.

Als Monatskarte: Das einzige ernstzunehmende Hindernis für ein konsequentes Denken ist unsere Furcht vor unangenehmen Wahrheiten. Doch »wo Gefahr ist, wächst das Rettende auch«; und durch konsequentes Denken und Recherchieren wächst auch die Einsicht in neue Lösungen, ja, in die Erlösung von Hoffnungen und Ängsten.

Als Jahreskarte: Gehen Sie in Ihren Gedanken weiter als sonst. Lassen Sie Schubladen des Denkens hinter sich. Nehmen Sie Ihre Gedanken ernst und deuten Sie sie wie Träume, das heißt, verstehen Sie die Bedürfnisse. die Chancen und die praktischen Aufgaben, die hinter Ihren Gedanken stehen!

Praxistipp: Räumen Sie Ihre Schubladen auf, schaffen Sie neue Ordnung.

Ihr Weg zum Stern ist »Der Stern« (0 + XVII = XVII).

Page/Bube/Prinzessin der Schwerter

Die Leichtigkeit des Geistes. Eine Flamme im Feuer, ein Körper im Wasser oder ein Objekt in der Luft bekommt *Auftrieb*, wenn ihm Luft zugeführt wird. Das gilt auch im übertragenen Sinne für den menschlichen Geist, dem in der Symbolik das Luft-Element zugeordnet wird. Ein funktionierender Geist bewahrheitet sich darin, dass er vieles *leichter* macht. Bringen Sie also mehr Luft ins Spiel. Halten Sie selbst das Schwert in der Hand. Geben Sie Ihr Urteilsvermögen nicht an andere ab. Der Wert einer neuen Idee bemisst sich nicht an dem, was ist, sondern an dem, was *wird*.

Spielerische, experimentelle Gedanken: Vorsicht vor Gutgläubigkeit und Ahnungslosigkeit, die in der Folge zu hilflosem Protest, allgemeinem Misstrauen, beliebigen oder dogmatischen Entscheidungen führen können.

Als Tageskarte: Ein »Jogging für die kleinen grauen Zellen« verschafft Ihnen geistige Frische, Ideenvielfalt und Gedankenreichtum. Bauen Sie auf Ihren Witz und Ihren Charme – und Ihre neue Leichtigkeit.

Als Monatskarte: Meiden Sie unüberlegte Behauptungen. Gehen Sie kreativ und aufmerksam mit den Vorstellungen um, die Sie und Ihre Mitmenschen im Kopf haben.

Als Jahreskarte: Alles ist schwer, bevor es leicht wird. Wir alle kennen die Erfahrung, dass wir heute Aufgaben mühelos bewältigen, die uns etwa im zweiten Schuljahr noch Schweiß oder Tränen abverlangten. So ist es aber auch mit Fragen wie der persönlichen Zufriedenheit, dem Glück in der Liebe, der erfolgreichen Gestaltung von privaten und beruflichen Beziehungen und vielen anderen Lebensthemen: Erst ist es schwer, und wenn man nichts probiert und ändert, bleibt es auch schwer. *Leicht wird es durch Lösungen*. Wer Lösungen finden will, muss seinen Geist nutzen, lernen und entscheiden, lernen und entscheiden, lernen und entscheiden – und so stets weiter!

Praxistipp: Unternehmen Sie etwas, das Sie Ihre Leichtigkeit spüren lässt. Fliegen, segeln, gleiten, schwimmen; tragen und getragen werden.

Ihr Weg zum Stern ist »Der Stern« (0 + XVII = XVII).

Ass der Schwerter

Die Krönung des Geistes. Nehmen Sie es als Geschenk und als Auftrag, das Schwert neu zu begreifen und neue Lösungen, neue Entscheidungen zu finden. Spüren Sie den einen Geist, der in allem atmet. Für Ihre aktuellen Fragen bedeutet die Karte, dass Sie das Bewusstsein schärfen und erheben sollen, um Widersprüche zuzuspitzen und auf einen Nenner zu bringen. Befreien Sie sich von unangebrachten Zweifeln und Zweideutigkeiten. Sorgen Sie für die Einheit von Denken und Tun.

Schon in *einem* Schwert ist die ganze Zweischneidigkeit des Geistes enthalten. Der menschliche Geist stellt auf der einen Seite die Krone der Schöpfung dar, auf der anderen Seite die maximale Entfernung und Entfremdung von der Natur. Um das eine zu entwickeln und das andere zu meiden, müssen Sie den Luftraum besiedeln und sich heimisch machen.

Als Tageskarte: Denken, unterscheiden, wissen und abwägen – das Geisteslebens besteht aus vielen Komponenten, und jeder Teil hat Anspruch auf ein Zimmer in dieser Wohnung in den Lüften. Ob aber die einzelnen Komponenten gut zusammenarbeiten, zeigt sich in der Praxis. Ein funktionierender Geist stärkt sich mit jedem Gebrauch; nur ein ungenutzter Geist verschleißt.

Als Monatskarte: Die Fruchtbarkeit des Geistes misst sich in der Verfeinerung und Erfüllung praktischer Bedürfnisse. Das Ass symbolisiert die Chance, Wünsche und Ängste zu klären. Erheben Sie sich, richten Sie sich auf, stärken Sie sich an dem, was Sie wissen, und untersuchen Sie, was Sie nicht wissen.

Als Jahreskarte: Sie besitzen und Sie brauchen ein gutes Denkvermögen und einen kraftvollen, langen Atem. Gehirnjogging und Körpertraining unterstützen die neuen Kräfte in Ihnen! Genießen Sie eine neue Klarheit!

Praxistipp: Falls Sie gerade ein Schwert zur Hand haben (ansonsten ist eine Feder oder ein Fächer ausreichend), dann stellen Sie sich aufrecht damit hin und meditieren Sie darüber, was es heißt, zu denken, ohne sich Gedanken zu machen!

Ihr Weg zum Stern ist »Der Turm« (1 + XVI = XVII).

Zwei Schwerter

Fantasie und Eigensinn. Diese Karte berührt eine Nahtstelle: Den Moment *zwischen* Tag und Traum, zwischen Schlafen und Wachen. Ihnen bietet sich eine gute Gelegenheit, Gedanken auf ihre Bedeutung und Ereignisse auf ihren Sinn hin zu befragen. Deuten Sie Gefühle und Träume, erinnern Sie sich und bearbeiten Sie Ihre Erfahrungen. Je genauer die Untersuchung, umso bessere Chancen besitzen Sie, zur Mitte, zur tieferen Einheit zu gelangen.

Gefühle und Bedürfnisse rufen nach einer Entscheidung. Kaum merkliche Regungen, bisher sprachlose Wünsche und Ängste warten auf eine Klärung. Andererseits sind da lautstarke, gleichsam überdeutliche Meinungen und Absichten, die es eher einzuschränken gilt. Die Waffen des Geistes – Denken, Wissen, Urteilen – sind erforderlich, um vage Gefühle und extravagante Bedürfnisse zu sondieren und genau zu unterscheiden, welche davon geeignet sind und welche nicht.

Als Tageskarte: Wach sein für den Augenblick ist das A und O des Bewusstseins. Die Randbereiche des Bewusstseins, diese Nahtstellen zwischen Tag und Nacht (symbolisch auch die Zonen zwischen Himmel und Erde, zwischen Land und Meer usw.), fordern und fördern geistige Wachheit in besonderem Maße. Jenseits des Augenscheins und jenseits des Konkreten beginnt erst das Reich des Geistes, in dem Sie sich mit Ihren aktuellen Fragen bewegen.

Als Monatskarte: Seien Sie bereit zu Kritik – und zu Selbstkritik! Sammeln Sie nicht nur Informationen oder Erklärungen, sondern sorgen Sie für ein funktionierendes Verständnis.

Als Jahreskarte: Machen Sie Ihre Fantasien fruchtbar. Ohne Träume, Erinnerungen und Erwartungen sind Sie seelisch wie tot. Doch Sie müssen sie hinterfragen und an wirklichen Erfahrungen messen, sonst drehen sich Ihre Vorstellungen im Kreise und Sie sind geistig leer und ruhelos zugleich.

Praxistipp: Nehmen Sie sich heute und morgen extra Zeit zum Einschlafen und zum Aufwachen. Erleben Sie die Übergänge.

Ihr Weg zum Stern ist »Der Teufel« (2 + XV = XVII).

Drei Schwerter

Bewusstes Denken – fixe Ideen. Einem verbreiteten Vorurteil zufolge *trennt* der Geist, weil er alles ein-teile (während etwa die fließenden Gefühle alles *vereinten*). Doch dies ist nur die halbe Wahrheit. Auch Gefühle können trennen – und der Geist kann *vereinen*, zum Beispiel indem man viele Gedanken auf *einen* Begriff bringt oder indem man aus Erfahrungen lernt und Konsequenzen zieht. Luft gibt Auftrieb und macht vieles *leichter*.

Nicht das Trennende des Geistes ist das Kernproblem. Vielmehr entstehen die meisten Probleme aus der *Trennung des Geistes von realen Erfahrungen*. Fixe Ideen sind Vorstellungen, die sich der Überprüfung durch Erfahrung widersetzen. Sie behalten immer Recht. Wie ein Computer-Virus können sie ganze geistige Bereiche lahm legen.

Der traditionelle Name dieser Karte lautet »Kummer«. Wie immer, sind solche Etiketten in sich jedoch doppeldeutig. Kummer kann auch bedeuten, dass man sich um eine Person oder eine Sache *kümmern* soll! Wo man sich kümmert, da investiert man seine *Aufmerksamkeit*. Herz und Verstand, Betroffenheit und gewissenhafte Genauigkeit sind dabei gleichzeitig gefragt.

Als Tageskarte: Seien Sie konsequent in Ihrem Denken, und kommen Sie jetzt auf den Punkt! Lassen Sie sich von Problemen oder Schwierigkeiten nicht lähmen und nicht in Rage versetzen. Es gibt unvermeidliche Schwierigkeiten, die wir ertragen müssen, und vermeidbare Fehler, die es zu beheben gilt. In der Fähigkeit, Mängel und Fehler auszugleichen, liegt die große, fruchtbare und Trost bringende Kraft des Geistes. Nutzen Sie sie!

Als Monatskarte: Lassen Sie die wirklichen Erfahrungen gelten. Überprüfen Sie Erinnerungen und Erwartungen.

Als Jahreskarte: Riskieren Sie mehr Aufrichtigkeit. Sie können dabei nur gewinnen! Bauen Sie Vorbehalte, Vorwände und Vorurteile ab! Nicht nur in der Theorie!

Praxistipp: Bei aktuellen Schwierigkeiten heißt es, nicht »die Flinte ins Korn zu werfen«, sondern zu lernen und zu helfen.

Ihr Weg zum Stern ist die »Mäßigkeit« (3 + XIV = XVII).

Vier Schwerter

Bildung. In Anlehnung an die Vorstellung von den *vier* Himmelsrichtungen deuten vier Schwerter auf eine *Vollständigkeit* bei den Waffen des Geistes hin. Ihre Gedanken und Vorstellungen setzen sich zu einem *Ganzen* zusammen. Im Idealfall werden Ihre Gedanken richtig »rund«; sie ergänzen und beflügeln sich. Im weniger erfreulichen Fall blockieren sich die Schwerter gegenseitig und sperren den Informationsaustausch mit der Außenwelt ab; eine hermetische »Vollständigkeit« der Gedanken und Vorstellungen – eine Art mentaler Abschottung und geistiger Starre.

Die Karte zeigt Bilder der *Einbildungskraft*. Sie warnt vor schlechten Einbildungen – vor leblosen Theorien und Illusionen. Sie ermuntert auf der anderen Seite dazu, viele Informationen zu sammeln und viele Erfahrungen zu verarbeiten, bis sich daraus *ein Bild* ergibt (eine andere Art der *Einbildung:* den ganzen Zusammenhang, ein komplettes und einheitliches Bild ermitteln).

Als Tageskarte: Des Menschen Wille ist sein Himmelreich. Sie bestimmen in Ihren Geisteswelten. Und Sie entscheiden auch, ob Sie sich ein »Wolken-Kuckucksheim« bauen oder den Himmel auf die Erde holen.

Als Monatskarte: Sie haben »Nüsse« zu knacken! Nehmen Sie sich Zeit für (Ihre) Gedanken. Und gehen Sie die vorhandenen Erfahrungswerte noch einmal neu durch. Vielleicht liegt da etwas im Schatten. Sie besitzen und brauchen eine neue Perspektive, eine neue Beurteilung von bekannten Sachverhalten oder einfach einen neuen Ansatz. Entspannen Sie sich, damit Ihr Geist sich konzentrieren und schärfen kann!

Als Jahreskarte: Ein ganzheitliches Denken besteht darin, einen Zusammenhang *ganz* zu durchdenken. Aktivieren Sie alle verfügbaren relevanten Informationen. Setzen Sie sie zusammen, bis das Rätsel gelöst und der Sachverhalt durchsichtig ist. Große Aufgaben oder wichtige Fragen warten auf ihre Erfüllung und ihre Aufklärung.

Praxistipp: Rätsel, Krimis, Puzzles und Mandalas können ein gutes Training für die »kleinen grauen Zellen« sein.

Ihr Weg zum Stern ist der »Tod« (4 + XIII = XVII).

Fünf Schwerter

Die Quintessenz des Luftelements: Wert und Bedeutung des (eigenen) *Geistes*, des Denkens, des Lernens und der Bewusstwerdung.

Wie und wozu gebrauchen Sie die Waffen des Geistes? Entfremdung und Verletzung – oder Klärung, Befreiung und Heilung? Wollen Sie nur verteidigen, was Sie sich spontan in den Kopf gesetzt haben, brauchen Sie dafür die Schwerter? Oder nehmen Sie sich zu Herzen und zu Kopfe, was für Sie und alle Beteiligten am besten ist?

Die Schwerter können der verlängerte Arm persönlicher Willkür sein. Furchtbar, wenn nur die Laune regiert; furchtbar auch, wenn jede Laune mit Schwerter-Macht unterbunden wird. Ein fruchtbarer Geist dagegen kann schöne und schlimme Launen unterscheiden und helfen, im eigenen Rhythmus zu leben.

Die Quintessenz des Geistes ist ein geeignetes Bewusstsein, eine persönliche Klarheit, die Sie bereichert und erleichtert. Lernen Sie aus Erfahrung. Suchen Sie nach dem Sinn von Siegen und Niederlagen. Nutzen Sie die Waffen des Geistes als Mittel der Heilung.

Als Tageskarte: Es ist nie zu spät und selten zu früh, Erfahrungen zu verarbeiten und die erforderliche Lektion zu lernen. Lassen Sie sich von Schwierigkeiten nicht »herunterziehen«. Gerade, wenn Sie Schwierigkeiten beheben wollen, dürfen Sie die Flinte nicht ins Korn werfen. Sie haben nichts zu verlieren, aber viel zu gewinnen.

Als Monatskarte: Praktizieren Sie Aufrichtigkeit, und halten Sie Ihren Blick vor geistiger Not und geistigem Elend nicht verschlossen.

Als Jahreskarte: Befreien Sie sich aus geistiger Unselbständigkeit. Seien Sie nicht naiv, weder gleichgültig noch nachtragend. Meiden Sie Neid, Spott, Zynismus usw. Tragen Sie Ihren Teil dazu bei, Unmündigkeiten zu beenden.

Praxistipp: Bei Ihrer nächsten schlechten Laune hinterfragen Sie sich: Was hat Sie frustriert? Worum geht es Ihnen? Gehen Sie bewusst mit Enttäuschungen um. Suchen Sie nach Alternativen. Probieren Sie neue Wege aus.

Ihr Weg zum Stern ist »Der Gehängte« (5 + XII = XVII).

Sechs Schwerter

Bewusste Existenz. Gerade das Selbstverständliche ist manchmal schwierig zu begreifen oder schwer zu erklären. Wir brauchen gleichsam einen Standpunkt von außen, um unsere Selbstverständlichkeiten überhaupt als solche zu erkennen.

Die Schwerter stehen u. a. für Wissensschätze, die in vielen Generationen und den verschiedensten Lebensbereichen angesammelt wurden. Diese *nicht* zu nutzen, wäre ebenso unklug, wie sich *nur* nach dem *bisherigen* Kenntnisstand zu richten. Kein Mensch ist eine Insel. Und jeder besitzt etwas Eigenes, das über alles Vorwissen hinausgeht.

Von allem lernen – sich von allem unterscheiden: Klären Sie Interessen und Motive ab. Suchen Sie die *Erfahrungen*, die hinter den Lehrsätzen stehen. Verstehen Sie, was andere *im Grunde* suchen, wenn sie Urteile und Richtlinien formulieren. Fragen Sie nach den Gründen ihrer Worte und Taten. Und verstehen Sie, was Ihre Absichten sind. An den Grenzen Ihres Wissens finden Sie auch zu Ihren unbewussten Motiven!

Als Tageskarte: Kommunizieren Sie Ihre Einsichten auf eine Art und Weise, die anderen Menschen verständlich ist. Wahres Wissen trägt Früchte.

Als Monatskarte: Wenn Sie jetzt Entscheidungen zu treffen haben, arbeiten Sie *Ziele und Motive* heraus! Verstehen Sie die Erfahrungen, die hinter den vorgetragenen Theorien und Argumenten stehen.

Als Jahreskarte: Verstehen Sie die Schönheit und die Brillanz Ihrer persönlichen Eigenart – und akzeptieren Sie sie. Informieren Sie sich! Studieren Sie und erforschen Sie die Zusammenhänge. Finden Sie Wissenslücken heraus. Setzen Sie Ihre Intelligenz und die Waffen des Geistes ein, damit es zwischen Ihren Mitmenschen und Ihnen *fließt* und Sie »im Strom« der Ereignisse einen eigenen Kurs zu steuern wissen.

Praxistipp: Legen Sie sich eine Tarot-Auslage (Legemuster nach eigener Wahl) zu der Frage »Das Bezaubernde an mir – und wie ich es anderen mitteile«.

Ihr Weg zum Stern ist die »Kraft« bzw. »Gerechtigkeit« (6 + XI = XVII).

Sieben Schwerter

Rätsel und Lösung: Jeder Mensch bringt eine neue Wahrheit mit auf die Welt, aber diese kennt man zunächst noch nicht. So treffen wir auf bestimmte Rätsel, die gleichsam dazu da sind, dass wir die Lösungen finden, die in uns schlummern. Haben Sie Mut zu Ihren Träumen – und die Kraft, sich den ungelösten Rätseln und wichtigen Ungereimtheiten in Ihrem Leben zu stellen. Wählen Sie Ihren Weg und entscheiden Sie sich bewusst. Sie haben nichts zu verlieren außer überholten Selbstverständlichkeiten und untauglichen Visionen.

List, Intrige und andere unerquickliche Bedeutungen besitzt diese Karte immer und nur dann, wenn man sich und/oder andere nicht versteht oder nicht verstehen will

Ohne funktionierendes Selbstverständnis bleiben Sie ein »lebender *Selbst*widerspruch«, dem immer eine Seite des eigenen Tuns verschlossen oder rätselhaft bleibt. Es gibt jedoch bessere Alternativen. Arbeiten Sie mit Ihren Träumen und den Zielvorstellungen für Ihr Leben. Zum bewussten Denken und Wissen gehört die spirituelle Dimension, die Erkenntnis der eigenen Grenzen und die Anerkennung der Realität, die größer ist als wir.

Ein geeignetes Verständnis entsteht aus der *Berücksichtigung* vieler Erfahrungen. Je mehr Gegenargumente und fremde Urteile Sie verarbeitet haben, umso stärker werden Ihr eigenes Urteil und die Kraft Ihrer Argumente.

Als Tageskarte: Lassen Sie sich von Problemen und Widersprüchen nicht einschüchtern. Bleiben Sie sich treu!

Als Monatskarte: Vergessene Gedanken und eingefrorene Gefühle sind von großer Bedeutung – sie wollen jetzt erhört werden.

Als Jahreskarte: Finden Sie heraus, welche Rätsel für Ihre Person und Ihr Leben typisch sind. Wenn Sie sich deren Lösung zur Aufgabe machen, werden Sie Schwierigkeiten in Leichtigkeiten und Schwächen in Stärken verwandeln. Berücksichtigen Sie die Stimme des Herzens und des Verstandes gleichermaßen

Praxistipp: Legen Sie eine Pause ein. Eine Stunde oder einen Tag. Erlauben Sie sich, etwas »Unvernünftiges« zu tun.

Ihr Weg zum Stern ist »Das Rad des Schicksals« (7 + X = XVII).

Acht Schwerter

Bewusstseinserweiterung. Prüfen Sie (Ihre) Überzeugungen. Augenschein und Vordergründigkeiten *allein* helfen nicht weiter. Im positiven Sinne fordert diese Karte zu einer besonderen *Rückbindung* und Konsequenz, buchstäblich zu einer besonderen *Verbindlichkeit* im gesamten persönlichen Verhalten auf.

Aus theoretischer Einsicht, aus logischem Denken erwachsen praktische Konsequenzen. »Es gibt Gedanken, welche du nicht begreifen kannst, wenn du nicht dein Leben änderst« (Werner Sprenger). Und aus Ihrem praktischen Handeln, aus bloßem Tun entstehen neue geistige Schlussfolgerungen. »Es gibt Änderungen in deinem Leben, welche du nicht verwirklichen kannst, wenn du nicht deine Gedanken begreifst«.

Gehen Sie in sich, und begreifen Sie die Fülle Ihrer Möglichkeiten. Zweck der Bemühungen ist es, für das, was Ihnen und Ihren Mitmenschen am Herzen liegt, neue Räume zu öffnen.

Als Tageskarte: Wenn Sie mancherorts anecken oder quer liegen, ist dies ein Hinweis darauf, dass Ihr Bewusstsein wachsen will. Treffen Sie *neue* Vereinbarungen. Arbeiten Sie Schwierigkeiten und Einwände ab. Machen Sie den Weg frei.

Als Monatskarte: Nutzen Sie Argumente, Einwände, Reibungspunkte und dergleichen als willkommene Gelegenheit zur Festigung und Erweiterung Ihrer geistigen Kapazitäten. Lösen Sie sich aus geistigen Abhängigkeiten, aus Befangenheit oder Bevormundung.

Als Jahreskarte: Durchdenken Sie Schritt für Schritt folgende Aussage [von Kajo Nelles]: »Ich liebe Entscheidungen, die einbeziehen und nicht abgrenzen, die öffnen und nicht verschließen, die Möglichkeiten bieten und nicht Endgültigkeiten setzen, die vom Besten ausgehen und nicht vom *worst case* [vom Schlimmsten], die Reichtum verbreiten und nicht Armut zementieren, die Aufgaben akzeptieren und nicht Probleme schaffen, die immer wieder auffordern / helfen / verstehen, das Unmögliche möglich zu machen!«

Praxistipp: Meditieren Sie über den o.g. Satz acht Tage jeden Morgen und jeden Abend. Wenige Minuten reichen schon.

Ihr Weg zum Stern ist »Der Eremit« (8 + IX = XVII).

Neun Schwerter

Fülle der Erkenntnis – Grenzen der Erkenntnis. Sobald ein Mensch seinen eigenen Weg geht, stößt er in Bereiche des Seins vor, die *unbeleuchtet sind, weil noch niemand darin war.* Jedes Mal, wenn Sie die Einmaligkeit Ihres Lebens neu erkennen, verändert sich auch Ihr geistiger Horizont.

Hier geht es nicht um Albträume oder Grausamkeiten, auch wenn manche Deutungen dieser Karte in diese Richtung zielen. Eher handelt es sich hier um die durchaus positive Entdeckung neuer geistiger Räume. Gehen Sie in Ihren Gedanken weiter als bisher. Gewöhnen Sie sich an neue Perspektiven und Horizonte.

Wenn die Karte nicht ermunternd und aufweckend, sondern eher erschreckend wirkt, so liegt das an einer *Fülle* von Gedanken und Vorstellungen, die für Sie nicht (mehr) stimmen. Es gibt Entwicklungssprünge, und dann wird einem schlagartig oder auch schockartig die Konsequenz von etwas klar, das man schon lange praktiziert.

Als Tageskarte: Fürchten Sie sich *nicht!* Nehmen Sie sich Zeit, den neuen Sachverhalt zu verarbeiten. Lassen Sie Zweifel und Enttäuschungen zu, aber übernehmen Sie Verantwortung.

Als Monatskarte: Es ist an der Zeit, »das Denken zu denken«. Schauen Sie sich Ihre Vorstellungen von höherer Warte aus an. *Begreifen Sie, was (Ihre) Gedanken bedeuten!* Hüten und schützen Sie sich vor Kurzschluss-Handlungen und automatischen Reaktionen.

Als Jahreskarte: Zählen Sie also eins und eins zusammen! Gehen Sie in Ihren Gedanken und taten weiter, als Sie es gewohnt waren. Hüten und schützen Sie sich vor »Schnellschüssen«! Lassen Sie sich nicht provozieren. Es gibt viele Möglichkeiten, auf das, was geschieht, zu antworten. Bleiben Sie auf dem Teppich – er fliegt ja schon!

Praxistipp: Alles, was Ihre Reflexe trainiert, tut jetzt besonders gut. Betreiben Sie Gehirnjogging und logische Übungen, Geschicklichkeitsspiele und Reaktions-Sportarten wie Fechten, Tischtennis, Squash u.a.

Ihr Weg zum Stern ist die »Gerechtigkeit« bzw. »Kraft« (9 + VIII = XVII).

Zehn Schwerter

Gipfel der Erkenntnis. Die Saat des Geistes geht auf. Untaugliche Gedanken und fruchtlose Auseinandersetzungen sind zum Untergang verurteilt. Der Gipfel der Erkenntnis und die Fruchtbarkeit der Schwerter als »Waffen des Geistes« erweisen sich in einem wachen Bewusstsein. In seiner Klarheit liegen aller Halt und alle Sicherheit …

Wenn diese Karte Probleme anzeigt, so stellen sich darin die Konsequenzen eines unbedachten Geistes und einer entfremdeten Gedankenwelt dar. Platte Instinkte führen nicht weiter; fixe Ideen wie Autoritäten, Terminkalender oder Sachzwänge ruinieren das lebendige Leben und die Liebe.

»Triffst du Buddha unterwegs, töte Buddha«, lautet einer der bekanntesten Sprüche aus dem Zen-Buddhismus. Der Buddha, den Sie treffen (den Sie zu begreifen meinen), ist *nicht* Buddha. Dieses Motto ist mit der biblischen Maxime zu vergleichen, man solle sich von Gott kein Bild machen. Die Fülle des Geistes wird gebraucht, um sich bewusst und gezielt für einen neuen Tag zu öffnen, ohne sich dabei an Vorbilder oder Wiederholungen zu klammern.

Als Tageskarte: Machen Sie sich bereit zum Schritt in persönliches Neuland. Dabei geht es um Ihre Geistesgegenwart, um die bewusste Hingabe an die Erfordernisse des Augenblicks.

Als Monatskarte: Dieses wache, lebendige Bewusstsein wird in Märchen und Mythen als »goldener Spiegel« und als »goldener Brunnen« bezeichnet. Oder es heißt wie in einer Erzählung von Derwischen »das Verschwinden des Schattens in der Sonne«. Damit ist dies eine sehr spirituelle Karte …

Als Jahreskarte: Zugleich ist sie auch eine sehr konkrete, pragmatische Karte, die auf die notwendige Vorbereitung und die bewusste Verarbeitung von Wandlungsphasen und Übergängen im Alltagsleben hinweist. Also gehen Sie achtsam mit Gedanken und Entscheidungen um. Geben Sie der Liebe und der Lebenslust neue Chancen!

Praxistipp: Sorgen Sie für gute Luft und achten Sie auf Ihren Atem. Öffnen Sie sich dem Strom des Lebens – und Ihr Fenster!

Ihr Weg zum Stern ist »Der Wagen« (10 + VII = XVII).

Münzen/Scheiben/Pentakel

Königin der Münzen

Talent ist Auftrag. Sie sind nicht dazu berufen, als namenloses Wesen das Leben zu fristen; doch auch nicht dazu, für vermeintliche Pflichten und Dienste etwas Wesentliches zu opfern: den Wert Ihrer Eigenart und den besonderen Reichtum, den Ihr Dasein bedeutet.

Eine Karte der Rückbesinnung auf die wahren Werte. Möglicherweise auch eine Station des Übergangs, wo Sie sich »von allen guten Geistern verlassen« fühlen; oder eine Phase der Hinwendung zu höherer Einsicht und tieferem Verständnis. Konzentrieren Sie und entspannen Sie sich: Alles hat seine Zeit, jedes Ding nimmt seinen eigenen Lauf, den Sie durch Einmischung und Hektik, aber auch durch Gleichgültigkeit oder Abwarten nicht ändern können.

Als Tageskarte: Überheblichkeits- und Minderwertigkeitsgefühle sind gefährlich. Kokettieren Sie nicht mit Ihren Chancen oder Schwierigkeiten. Sie besitzen besondere Begabungen und besondere Handicaps. Diese Prägungen sind Ihr Talent – erforschen Sie es! Nutzen Sie den Wert der Erfahrung! Jeder Mensch stellt in gewisser Weise ein Naturereignis dar. Aus den Erfahrungen vieler Einzelwesen etwas Wesentliches von bleibendem Wert zu machen, das wiegt.

Als Monatskarte: Unterscheiden Sie Spitzenleistungen von falschem Ehrgeiz, Verborgenes von Abwegigem. Die Liebe zu allem Lebendigen, zur Sinnlichkeit und zum Sinn von allem, was »kreucht und fleucht«, gibt Ihnen ein großes praktisches Geschick und ein unsentimentales, bodenständiges Einfühlungsvermögen. Jetzt kommt es auf Ihre Souveränität im Beruf und in der praktischen Lebensgestaltung an.

Als Jahreskarte: Kommen Sie von Ihrem Sockel herunter. Stellen Sie sich sinnvolle Aufgaben und erklettern Sie die Gipfel des Erreichbaren. Seien Sie sich der Situation bewusst. Hören Sie auf die Stimme des Bewusst-Seins. Teilen Sie sich Ihre Aufgaben ein, um auch im Alltag Berge zu meistern: »Tue erst das Notwendige, dann das Mögliche, und plötzlich schaffst Du das Unmögliche« (Sprichwort).

Praxistipp: Tragen Sie nicht Ihre Haut zu Markte. Pflegen Sie Nägel, Haut und Haare.

Ihr Weg zum Stern ist »Der Stern« (0 + XVII = XVII).

König (Prinz) der Münzen

Sinn und Genuss. Sie sind eine schöpferische Persönlichkeit. Ein bodenständiges Bewusstsein verleiht Ihnen Kraft und Ausdauer. Worauf warten Sie? »Es ist sinnlos von den Göttern zu fordern, was man selbst zu leisten vermag« (Epikur).

Wandeln Sie lästige Pflichten in eine Arbeit um, die Sie genießen können. Bauen Sie aus Ihren verschiedenen Arbeiten *ein* Gesamtkunstwerk – ein Lebenswerk. Der *Souverän* symbolisiert einen Genießer, der Planer und Organisator ist und zugleich durch seine Arbeit zur Ruhe im Leben findet. Entwickeln Sie passende Lebens- und Arbeitsformen, eine persönliche Kultur. Bewähren Sie sich als Architekt und Baumeister Ihres Lebens.

Lösen Sie Blockaden und Verhärtungen auf. Genießen Sie Arbeit und Ertrag. Scheuen Sie nicht die Mühen, die mit jeder Arbeit verbunden sind, und auch nicht die großen Mühen, die zu einem großen Werk gehören. Haben Sie Geduld: *Alle Dinge sind schwer, bevor sie leicht werden.*

Als Tageskarte: Die Karte der Vermögensplanung und der Vermögensverwaltung: Sie selbst sind Ihr größtes Kapital – Acker und Ernte, Weinberg und Wein. Ihre Ergebnisse sind ein Spiegel Ihres Lebens. Es zeigt sich, dass alle Klarheit nur soviel wert ist, wie Sie davon realisieren können. Und ebenso wird deutlich, dass Ihre Besitztümer nur Glück bringen, wenn sie die Bedürfnisse von Sinn und Sinnen stillen.

Als Monatskarte: Klären Sie Ihre Finanzen, und schauen Sie, wie Sie Ihr Vermögen sichern und mehren können. Das gilt aber auch für Ihre Talente und für Ihre Wünsche nach einem produktiven und erfüllten Leben. Stellen Sie eine Bilanz auf, welche wichtigen Ziele Sie bereits erreicht haben und welche noch fehlen.

Als Jahreskarte: Schaffen Sie Vorräte, und nutzen Sie Reserven. Alles, was auf Dauer angelegt ist, will neu bedacht werden. Sinn und Genuss sind der Maßstab eines sinnvollen Wachstums.

Praxistipp: Kümmern Sie sich um das, was Sie gepflanzt haben – im Garten, aber auch allgemein im Leben insgesamt.

Ihr Weg zum Stern ist »Der Stern« (0 + XVII = XVII).

Ritter der Münzen

Aussaat und Ernte. Hier geht es um Ihre Fähigkeit, Ihr Leben in Ordnung zu halten, Probleme nicht unter den Tisch zu kehren und Lösungen in die Tat umzusetzen. Es gibt viel zu ernten in diesem Leben. Indem Sie Ihre Aufgaben und Notwendigkeiten begreifen, verstehen Sie sich selbst. Wenn Sie sich und Ihren Platz in der Welt verstehen, erzielen Sie die optimale Ernte.

Schaffen Sie eine angenehme Lebenssituation, in der Sie leben, wie es Ihrer Natur, Ihrer ganz persönlichen Lebenseinstellung entspricht.

Als Tageskarte: Es gilt etwas aufzuarbeiten in diesem Leben und am heutigen Tag! In der Untersuchung der bestehenden Widersprüche bewähren und stärken sich Besonnenheit und Gelassenheit. Scheuen Sie sich nicht vor Auseinandersetzungen zur richtigen Zeit, sondern suchen Sie sie! Trainieren Sie Ihre Fähigkeit, Probleme in Ordnung zu bringen, Ängste zu beseitigen und Wünsche zu erfüllen.

Als Monatskarte: Verzeihen Sie sich und anderen, nicht perfekt zu sein. Auch der »Mist«, den wir alle produzieren, ist noch nutzbar – als Dünger und Humus. Sie können Ihre Mitmenschen nicht ändern, aber sie so nehmen, wie es ihren Voraussetzungen entspricht, und so einsetzen oder wirken lassen, dass etwas Erträgliches und Gedeihliches daraus erwächst!

Als Jahreskarte: Vollständigkeit der Talente und der Aufgaben: Verzichten Sie auf falsche Bescheidenheit und aufgesetzte Ideale. »In der Beschränkung zeigt sich der Meister«, und das bedeutet: Halten Sie sich an das Nötigste! »Vieles war nicht nötig / Und gerade das wäre das Nötigste gewesen« (Edith Vahrenhorst).

Praxistipp: Gehen Sie in den Garten, schauen Sie sich Ihren Haushalt und Ihren Beruf an: Was gibt es zu ernten, was gilt es jetzt zu säen? Und was ist jetzt nötig zur Entspannung? Reiten Sie Ihr Steckenpferd, finden Sie zu körperlicher Ausgeglichenheit. Persönliches Wohlbehagen und gute Verdauung sind unverzichtbar.

Ihr Weg zum Stern ist »Der Stern« (0 + XVII = XVII).

Page/Bube/Prinzessin der Münzen

Aufhebung des Unscheinbaren. Vertrauen Sie dem Wert der Erfahrungen und der Möglichkeiten, die in Ihnen schlummern. Erwarten und fördern Sie die Vielfalt und das Besondere auch bei Ihren Mitmenschen. Ihre »Münze« ist ein Geschenk des Lebens, sie spiegelt wider, dass Sie selbst ein Schatz für sich und Ihre Umgebung sind, wenn Sie Ihr Talent begreifen.

Im Unscheinbaren steckt auch das Un-Scheinbare, das Wesentliche und Typische, worauf es ankommt. Man muss das Vertraute filtern. Es ist wie mit dem Gold, das unerkannt auf der Straße liegt: Auch das eigene Talent ist immer vorhanden, doch man erkennt es zuerst nicht. Manchmal begreifen wir den Wert und den Inhalt der eigenen Talente selbst als letzte. Vielleicht weil man sich selbst nicht für wichtig hält oder weil wir einen falschen Begriff von Talenten haben und nur bei Spezialisten oder Sensationsdarstellern ein besonderes Talent vermuten.

Als Tageskarte: Tatsächlich besitzt jeder Mensch besondere Talente, weil er/sie besondere Erfahrungen und Erwartungen verkörpert; man muss »nur« den Wert dieser Prägungen herausfinden. Darum geht es auch bei Ihren aktuellen Fragen. Sie bestehen die Chancen und Herausforderungen des Tages, wenn Sie den »Zauber des Eigenen« zur Geltung bringen.

Als Monatskarte: Spielerische Erprobung der Talente: Jede praktische Neuerung, jeder Zugewinn und jede neue finanzielle Chance hängen auch damit zusammen, dass Sie Ihr Talent – Ihre Begabungen und Ihre Aufgaben – besser verstehen. Prüfen Sie Erlebnisse und Ergebnisse.

Als Jahreskarte: Finden Sie einen neuen Zugang zu den ureigenen Betroffenheiten und zu Ihren wahren Begabungen. Lassen Sie sich auch von Schwierigkeiten nicht entmutigen. Vergessen Sie nicht, dass Schönheit und wahre Werte oft zunächst im Verborgenen blühen und dort abgeholt werden wollen.

Praxistipp: Machen Sie einen Spaziergang in der Landschaft oder durch die Stadt zu einem Abenteuer voller Entdeckungen!

Ihr Weg zum Stern ist »Der Stern« (0 + XVII = XVII).

Ass der Münzen

Diese Karte steht für die in sich ruhende, bewegte und bewegende Energie der Erde. Dieses Ass ist im wahrsten Sinne des Wortes eine *runde Sache* – unendlich wie der Kreis oder die Materie. *In* der Materie stecken Leben und Dynamik. Das drückt viele Tarot-Decks dadurch aus, dass die Münzen das Pentagramm als Energiesymbol und Prägung tragen. Münzen (oder Scheiben, Pentakel) sind im übrigen *Produkte*. In ihnen verkörpern sich *Materie und Schöpfung*.

Das Ass verweist damit auf die Doppelnatur des Menschen: *Sie selbst sind wie eine Münze;* die zwei Seiten der Medaille sind Ihre Prägungen – Erfahrung und Erwartung auf der einen Seite, kommende Erlebnisse und künftige Ergebnisse auf der anderen. Wie die Münze besitzt jeder Mensch mehr oder weniger hervorragende Anteile, bestimmte Begabungen und Handicaps.

Als Tageskarte: Ihre Chancen und Aufgaben werden Ihnen neu bewusst. Ihre Talente haben nichts mit zirkusreifen Sensationen oder dem Eintrag in ein Buch der Rekorde zu tun. Annahme und Aufhebung der eigenen Prägungen machen das persönliche Talent aus. Manchmal vermitteln große Ereignisse einen Begriff davon, manchmal ist es eine eher unscheinbare »Erbsenzählerei«, die zum richtigen Verständnis der persönlichen Talente verhilft.

Als Monatskarte: Auf der einen Seite der Medaille steht die Frage »Wie bin ich geprägt worden?«, auf der andere Seite »Was präge ich meinerseits?« Wenn Sie diese Ihre Prägungen annehmen und *ummünzen*, entdecken und entwickeln Sie Ihr Talent!

Als Jahreskarte: Was ist die Erde für Sie? Eine ruhige Kugel schieben? Wie der Riese Atlas den Globus, die ganze Last der Welt auf Ihren Schultern tragen? Begreifen Sie die Kraft, die in Ihnen steckt, und Ihren Beitrag, auf den die Erde wartet! Nehmen Sie die Welt mit Kreativität und Leidenschaft in Besitz!

Praxistipp: Nehmen Sie Papier und Stifte oder Farben zur Hand und malen, skizzieren Sie zügig, was Ihnen einfällt.

Ihr Weg zum Stern ist »Der Turm« (1 + XVI = XVII).

Zwei Münzen

Neue Realitäten. Was für Sie wertvoll und was wertlos ist, wandelt sich. Beachten Sie die »Zufälle«, die jetzt in Ihr Leben treten, und greifen Sie die neuen Möglichkeiten auf, die sich Ihnen bieten!

Zwei Münzen sind wie die sprichwörtlichen »zwei Seiten der Medaille«. Sie stellen zum Beispiel Vergangenheit und Zukunft, Ihre Sonnen- und Ihre Schattenseiten, Pflicht und Kür, allgemeine Normen und selbstgewählte Lebensregeln dar. Jeder wirkliche Wandel ist mit einer Neubewertung verbunden. Lebensschwerpunkte ändern sich. Bisherige Gewohnheiten werden zwiespältig, alte Probleme werden überbrückbar, und neue Aufgaben treten zu alten hinzu! Sie stehen dabei *mittendrin* und erfahren sich selbst *wie noch nie*.

Rechnen Sie mit unerwarteten Verunsicherungen, doch auch mit neuen Bestätigungen, wenn gewohnte Realitäten um neue Dimensionen erweitert werden. Augen und Ohren, alle Sinne spielen möglicherweise verrückt. Doch das ist ganz wörtlich zu nehmen: Ihre Wahrnehmungen werden ver-rückt, verschoben und erweitert, weil sich Ihr Standort ändert. Ihr Bewusstsein orientiert und ordnet sich neu. Andere Werte und/oder Lebensbereiche treten in Ihr Leben. Für die Entfaltung Ihrer Persönlichkeit ist das schon jetzt ein Segen!

Als Tageskarte: Ihre Chancen und Ihre Aufgaben hängen damit zusammen, sich aus vermeintlichen Sachzwängen zu befreien. Sie haben in der Vergangenheit gewählt und sind frei, neu zu wählen und Ihr Leben in einen neuen Zusammenhang zu stellen.

Als Monatskarte: Es gibt eine Alternative – immer mindestens eine! Sie sind nicht der Diener oder der Beherrscher der Verhältnisse. Da hilft kein »Alles oder Nichts« – weder Pokern noch Hadern mit dem Schicksal.

Als Jahreskarte: Es ist Zeit für einen Abschied von manchen Einstellungen und Ansichten, die bisher sehr prägend für Sie waren, nun aber wertlos geworden sind.

Praxistipp: Bewegen Sie Ihre Knie; lassen Sie sie nicht zu weich oder zu steif werden. Was jetzt hilft, sind *neue Ergebnisse*. Sie sind Ihre Aufgabe, aber auch Ihr Halt!

Ihr Weg zum Stern ist »Der Teufel« (2 + XV = XVII).

Drei Münzen

Neue Werte. Hier geht es um Talente, die herausgearbeitet, zugespitzt und aufgehoben werden. Die Herausforderung besteht darin, das eigene Talent weithin sichtbar zu machen: es wie ein Licht auf einen Berg zu stellen! Oft sind mit diesem Thema größere Anstrengungen verbunden. Der Stress und die Lösung liegen darin, über Gewohnheiten hinauszuwachsen.

Außerdem handelt die Karte von Schwellenängsten, die vorübergehend, doch unvermeidlich auftreten, wenn Tabubereiche berührt und beleuchtet werden. Nur in diesem ganz bestimmten Sinn gilt auch der viel zitierte Spruch »an der Angst geht's lang« (ansonsten tun wir gut daran, Ängste zu meiden).

Als Tageskarte: Sie erreichen keine persönliche Spitzenleistung, ohne verborgene Energien, »latente Talente« zu wecken und zu Tage zu fördern. Klären Sie Tabus und Heiligkeiten – bestätigen Sie, was sich bewährt, und verwerfen Sie, was nicht funktioniert.

Spitzenleistungen stellen sich als besondere Erfolge und Errungenschaften dar. Doch hüten und schützen Sie sich vor Götzen und Fetischen. Nur *die* Spitzenleistungen sind wertvoll, die Bewusst-Sein und Wohl-Sein dauerhaft erhöhen.

Als Monatskarte: Jede/r besitzt Gipfel, die auf ihn oder sie warten. Selbstverständlich gibt es Berge von unterschiedlicher Höhe; aber jeder Berg hat seine Spitze! Ob Sie *Ihre* Spitze erreichen oder nicht, das ist die entscheidende Frage.

Als Jahreskarte: Kommen Sie aus sich heraus, und zeigen Sie, was in Ihnen steckt! Nehmen Sie Ihre Stärken und Schwächen zusammen, und schaffen Sie damit etwas von bleibendem Nutzen – etwas Wertvolles, das sich für Sie und viele andere lohnt. Finden Sie die Aufgabe, den Beruf und die Berufung, die Ihre besten Energien zusammenfasst, herausfordert und zuspitzt. Machen Sie Ihren Entwurf und leisten Sie Ihren Beitrag!

Praxistipp: Schreiben Sie sich einen *Business Plan* oder einen persönlichen *»Letter of intent«* (Brief der Absichten), wo Sie in zwei Wochen und wo in zwei Jahren stehen möchten.

Ihr Weg zum Stern ist die »Mäßigkeit« (3 + XIV = XVII).

Vier Münzen

Profi in eigener Sache: Hier geht es um Ihre materiellen Lebensumstände und ganz praktisch um Produkte und Ergebnisse (eben die Münzen, Pentakel, Scheiben) in denen sich Ihre Persönlichkeit, Ihre Ideen und Ideale ausdrücken und verwirklichen. Sie richten sich mit Ihren Talenten in der Welt ein. Auf der einen Seite warnt die Karte vor faulen Kompromissen oder vor grandiosen Übertreibungen, bei denen Sie Ihre Werte oder Ihre Fähigkeiten entweder aufopfern oder aber anderen aufzwängen. Im positiven Sinne ist dies jedoch eine Karte der glänzenden Ergebnisse. Sie vervollständigen den Rahmen, in dem Sie leben möchten. So sorgen Sie für Verhältnisse, worin sich Ihre Begabungen *ohne* Einschränkungen, aber auch *ohne* Leugnung vorhandener Handicaps auszahlen und Ihr Dasein krönen!

Als Tageskarte: Geben Sie anderen den Schlüssel zu Ihrer Welt. Betonen Sie den Unterschied und die Besonderheit Ihrer Lage. Doch verschanzen Sie sich nicht. Spielen Sie nicht den Helden oder den Versager. Manchmal ist es bei dieser Karte wichtig, sich bewusster abzugrenzen, um den persönlichen Eigenwert herauszustellen. Manchmal kommt es darauf an, sich mehr mitzuteilen, und mehr Menschen an den eigenen Fähigkeiten und Fertigkeiten teilhaben zu lassen.

Als Monatskarte: Schaffen Sie neue Formen, neue Inhalte, neue Gewohnheiten. Jeder Mensch besitzt etwas Einzigartiges, das »einzig und nicht artig« ist. Nicht Bravheit oder Bosheit bringen Sie vorwärts, sondern die Manifestierung, die Verwirklichung Ihrer besten Talente.

Als Jahreskarte: Die wertvollsten Talente sind die, die am meisten Nutzen stiften. Sie nutzen am meisten, wenn möglichst viele Wünsche damit erfüllt und möglichst viele Ängste abgebaut werden können. Bauen Sie sich eine persönliche Welt – nach eigenem Geschmack und Gefallen und zum Nutzen der großen Welt.

Praxistipp: Hier geht es um verwirklichte Talente. Das ist viel mehr und auch etwas anderes als Arbeiten zum bloßen Gelderwerb oder als ein schlichtes Hobby. Testen Sie Ihren Tagesablauf darauf, ob Ihre Persönlichkeit und Ihre Werte darin ausreichend zur Geltung kommen.

Ihr Weg zum Stern ist der »Tod« (4 + XIII = XVII).

Fünf Münzen

Die Quintessenz des Elements Erde: Wert und Bedeutung des (eigenen) *Körpers*, der materiellen Existenz und der persönlichen Talente. Jedes menschliche Vermögen (Besitz und Fähigkeiten) schafft soviel Wert, wie es dazu beiträgt, vermeidbare Notlagen auszuschließen und unvermeidliche Notlagen zu lindern oder zu versüßen.

Es gibt die Nöte, die durch Katastrophen und Krankheiten entstehen, doch auch viele andere Nöte: Etwa einen Hunger nach Sinn, einen Durst nach Liebe, eine Sehnsucht nach Zugehörigkeit. Jede Art von Not ist schlimm. Wo sich die Fülle Ihrer Möglichkeiten mit der Linderung dringender Nöte verbindet, bewirken Ihre Talente am meisten.

Als Tageskarte: Die »Yoga-Karte«: Das Sanskrit-Wort Joga bedeutet *Anspannung* (»Joch«). Es gilt, sich ins Joch zu spannen, sich ungezwungen und gerne »ins Zeug zu legen«.

Dazu passt die Legende vom Blinden und vom Lahmen, die sich gemeinsam auf den Weg machen. Die Not wird *gewendet*.

Die Not bestand schon vorher, jetzt wird sie aufgehoben – durch gemeinsame Anstrengungen und dadurch, dass man sich um den Anderen kümmert. Gelegentlich weist die Karte aber auch auf Not und Mangel in einer bestehenden Lebens- oder Arbeitsgemeinschaft hin, weil jeder zu sehr vom anderen abhängig ist.

Als Monatskarte: Wer allein arbeitet, dessen Kräfte addieren sich. Wer mit anderen zusammen arbeitet, dessen Kräfte *multiplizieren* sich! Wo verschiedene Talente sich ergänzen und unterstützen, entsteht ein größeres Werk, das den einzelnen übersteigt.

Als Jahreskarte: Kündigen Sie unbegründete Ansprüche und fruchtlose Verpflichtungen! Schaffen Sie sinnvolle Anforderungen und erfüllen Sie wertvolle Verpflichtungen mit leichtem Herzen! Handeln Sie, um unnötiges Leid zu beenden und mögliches Glück zu verwirklichen. Machen Sie die Welt menschlicher, wohnlicher, komfortabler – und dadurch wertvoller.

Praxistipp: Krempeln Sie Ärmel hoch! Halten Sie sich an das Dringendste. Und das besteht mitunter darin, es sich endlich bequem zu machen.

Ihr Weg zum Stern ist »Der Gehängte« (5 + XII = XVII).

Sechs Münzen

Produktive Bedürfnisse. Hier vollzieht sich eine Aufhebung von Geben und Nehmen: Im besten Fall handelt es sich um eine Lebenssituation, worin »Milch und Honig« fließen. Das ist wie ein Honeymoon – der Himmel auf Erden. Da spielt es grundsätzlich keine Rolle mehr, wer gibt und wer nimmt, weil beides auf dasselbe hinausläuft.

Glücklicherweise können wir einen solchen Honigmond nicht nur in Flitterwochen erleben. Wenn Sie mit Ihren Talenten (eigene und fremde) Bedürfnisse erfüllen und wenn Sie mit Ihren Bedürfnissen (eigene und fremde) Talente wecken und fördern, entsteht jeweils ein *Zugewinn*. Beide Seiten profitieren vom Ergebnis: eine typische Win-Win-Situation.

Als Tageskarte: Entdecken Sie die Freude am Geben; nicht dieses karitative Geben von Sachen, die man selbst nicht benötigt; nicht dieses verklärte Selbstaufgeben im vermeintlichen Dienst an einer Sache oder Idee; nein, Ihr eigenes Können, Ihre Liebe, Ihre Kompetenz zum Besten geben; Ihre Träume ernst nehmen und konkret etwas dafür tun. In diesem Sinne besitzen Sie nur, was Sie weggeben, was Sie nicht für sich behalten. Sie entwickeln damit einen Einklang zwischen sich und der Welt.

Als Monatskarte: Neue Wege zur Verwirklichung der eigenen und zum Verständnis fremder Bedürfnisse stehen für Sie auf der Tagesordnung. Zunächst geht es darum, produktive von unproduktiven Bedürfnissen zu unterscheiden: Produktive Bedürfnisse schaffen neue bleibende Werte.

Als Jahreskarte: Schaffen Sie eine Atmosphäre von Nähe und Austausch, in der sich die Unterschiede von groß und klein, stark und schwach verringern. Eine Situation, in der Sie auch schwach sein können, ohne damit Stärke zu provozieren (und das gleiche umgekehrt), eine Situation schließlich, in der Sie ohne Skrupel oder Kniefall nehmen und empfangen können.

Praxistipp: Der Wert des Eigenen ist am größten, wenn möglichst viele davon profitieren können. Im spirituellen Sinne besitzen Sie nur, was Sie (mit-) teilen.

Ihr Weg zum Stern ist die »Kraft« bzw. »Gerechtigkeit« (6 + XI = XVII).

Sieben Münzen

Bilanz. Welche Ergebnisse und Errungenschaften lohnen sich? Welche nicht? Sind Sie mit Ihren Ergebnissen zufrieden? Damit, wie Sie gearbeitet haben? Ihre Ergebnisse sind ein Spiegel Ihres Lebens. Analysieren Sie Lage und Aufgaben. Sachliche Entscheidungen und persönliche Fragen sind zwei verschiedene Welten und hängen doch zusammen!

Es gibt bestimmte Lebensrätsel und Sachaufgaben, deren Lösung bzw. deren Bedeutung Sie in dem Moment finden, in dem Sie auch *Ihre* Bedeutung, den persönlichen Sinn, Ihre Lebensaufgaben klar verstehen. Jede gelöste Aufgabe zeigt Ihnen, dass Sie auf dem richtigen Weg sind, und selbst ein Fehlschlag ist noch wertvoll, wenn er Ihnen klarmacht, worin Ihre Aufgabe und Ihre Bedeutung *nicht* bestehen.

Als Tageskarte: Alles kann ein Symbol sein. Tarot trainiert dieses Verständnis. Deuten Sie die Tagesereignisse! Wenn Sie einen unbekannten Weg oder eine neue Adresse suchen, brauchen Sie einen Stadtplan oder eine Landkarte, keine Tarot-Karte. Wenn Sie aber wissen wollen, ob dieser Weg oder etwa ein Umzug sich lohnt, dann helfen Ihnen die Tarot-Karten.

Als Monatskarte: In Ihren aktuellen Fragen heißt es: Spuren suchen und Zeichen deuten. Wie Sie Tarot deuten, so deuten Sie auch die »Karten« (Begegnungen, Auseinandersetzungen, Nachrichten, Angebote, Probleme und sonstige Vorkommnisse), die das Leben Ihnen zuspielt! Und tun Sie etwas damit!

Als Jahreskarte: Zeigen Sie Verständnis für fremde Maßstäbe – und stellen Sie sie in Frage, damit Sie wissen, was für Sie funktioniert. Vertreten Sie den Unterschied und den Wert Ihrer ureigenen Betrachtungsweise. Jeder Sachverhalt, jedes Faktum, alle Daten erzählen im Grunde eine Geschichte und stehen in Zusammenhängen, die zu studieren lohnt. Dabei geht es auch um Ihre eigene Bedeutung in der Welt, die immer wieder neu gedeutet und neu formuliert werden muss!

Praxistipp: Ziehen Sie bis auf weiteres täglich eine Tageskarte!

Ihr Weg zum Stern ist »Das Rad des Schicksals« (7 + X = XVII).

Acht Münzen

Gestalt-Therapie«: Sich selbst entfalten und die Welt gestalten. Ihre aktuellen Fragen tragen dazu bei, dass Sie Ihr Metier finden und sich einen Rahmen schaffen, in dem Sie mit den vorhandenen Mitteln das beste Ergebnis erzielen.

Wie jeder Mensch bringen Sie die Begabung mit, Ihr Leben glücklich zu gestalten und die Welt insgesamt ein Stück weit menschlicher und angenehmer zu machen. Es gibt typische Begabungen und »eigene« Aufgaben, die auf Sie warten – sie lassen sich nur von Ihnen finden und lösen, von keiner oder keinem anderen als von Ihnen. Indem Sie sich auf diese beschränken, können Sie fremde Gurus und Meister in die Wüste schicken – Sie erwerben die Meisterschaft für Ihr Leben!

Jede Arbeit in Beruf und Haushalt ist auch ein Symbol für die Arbeit an sich selbst. Wenn Sie vor sich selbst fliehen und sich in Aktivitäten stürzen, werden Sie auf anderen Wegen auf sich selbst zurückgeworfen. Und umgekehrt: Wenn Sie vor Ihren Aufgaben in der Welt fliehen und sich in Selbstbetrachtung ergehen, werden Sie auf Umwegen und umso nachhaltiger mit der Welt und dem Leben der Anderen konfrontiert.

Als Tageskarte: Sorgen Sie für Entschlackung und einen guten Stoffwechsel. Das gilt für Nahrung jeglicher Art: auch für geistige Nahrung und seelische Prozesse. Verdauen Sie Ihre Erfahrungen.

Als Monatskarte: Sorgen Sie für gute Ergebnisse, die Ihre Handschrift, Ihren Zuschnitt tragen und in denen Sie sich selbst wieder erkennen. Schaffen Sie Stück für Stück eine Situation von gesundem Luxus: Einen Überfluss an Wohlbehagen, verwirklichten Ideen und befriedigten Wünschen.

Als Jahreskarte: Kümmern Sie sich nicht darum, einen Mangel zu verwalten, sondern Glücksmöglichkeiten zu nutzen und zu mehren. Je klarer Sie Ihre Vorzüge und Ihre Handicaps erkennen, umso leichter finden Sie die Aufgaben, für die Sie besonders begabt sind!

Praxistipp: Setzen Sie neue Pflanzen im Haus oder im Garten. Auch im übertragenen Sinne gilt es in der Partnerschaft, der Familie oder im Beruf etwas Neues zu säen, zu pflegen und großzuziehen!

Ihr Weg zum Stern ist »Der Eremit« (8 + IX = XVII).

Neun Münzen

Liebe in jeder Beziehung. Liebe ist nicht nur ein Gefühl, sondern auch die Voraussetzung und das Ergebnis einer optimalen Förderung von Bedürfnissen und Talenten! Hier geht es um die Liebe zu Ihren Mitmenschen, zu Dingen, Ereignissen und vielem anderen. Nicht nur für die partnerschaftliche Zweierbeziehung ist die Liebe der geeignete Maßstab. Liebe ist die produktivste Art, der Welt zu begegnen. In der Beziehung zu sich selbst wie auch in allen täglichen Bezügen zu den Anderen ist eine liebevolle Zuwendung und Auseinandersetzung das sinnvollste und effektivste Kriterium.

Diese angewandte, tägliche Liebe ist durch nichts zu ersetzen. Sie ist das »Extra« – der unvergleichliche Luxus, der ein geliebtes Leben von einem freudlosen und unfriedlichen Alltag unterscheidet.

Je mehr Talente und Bedürfnisse bei allen Beteiligten zur Geltung kommen, umso größer ist die praktische Liebe und umso größer ist auch der insgesamt erzielte Gewinn! Wenn Sie sich selbst und Ihren Mitmenschen in Achtung und Liebe begegnen, dann entsteht ein Plus, ein größeres Ganzes, in dem viele Menschen aufgehoben sind – mit ihren Stärken und Schwächen, mit Vorzügen und Nachteilen. Einen größeren Gewinn können Sie gar nicht erzielen, und mit einem geringeren sollten Sie sich nicht zufrieden geben!

Als Tageskarte: Zeigen Sie die Schönheit Ihrer Natur, Ihrer persönlichen Eigenart; leben und verkörpern Sie den Charme Ihrer Werte. Verstecken Sie sich nicht.

Als Monatskarte: Wenn Sie lieben und geliebt werden, blühen Sie auf. Warten Sie nicht auf bessere Zeiten! Geben Sie der Liebe ihre Chancen!

Als Jahreskarte: Nehmen Sie sich vieler Menschen und vieler Begebenheiten in Liebe an. Lieben Sie das Leben, so wie eine gute Gärtnerin den Garten hegt, wie ein tüchtiger Hausverwalter ein Anwesen pflegt. So werden Sie mit zunehmender Erfahrung älter und erotischer, reifer und liebevoller.

Praxistipp: Haben Sie heute schon jemanden geküsst?

Ihr Weg zum Stern ist die »Gerechtigkeit« bzw. »Kraft« (9 + VIII = XVII).

Zehn Münzen

Optimale Ergebnisse, blühende Talente. Der größte Reichtum besteht darin, den eigenen Anteil am Weltgeschehen zu erkennen und auszufüllen. Das Einmalige, Individuelle verwandelt sich so vom vorübergehenden Einzelfall zum bewussten Anteil an der Ewigkeit! Bewusst leben, heißt, zu wissen, was die Stunde geschlagen hat.

»Ja! diesem Sinne bin ich ganz ergeben, / Das ist der Weisheit letzter Schluss: / Nur der verdient sich Freiheit wie das Leben, / Der täglich sie erobern muss. / Und so verbringt, umrungen von Gefahr, / Hier Kindheit, Mann und Greis sein tüchtig Jahr. / Solch ein Gewimmel möcht' ich sehn, / Auf freiem Grund mit freiem Volke stehn. / Zum Augenblicke dürft' ich sagen; / Verweile doch, du bist so schön! / Es kann die Spur von meinen Erdentagen / Nicht in Äonen untergehn« (aus Goethes *Faust*).

Als Tageskarte: Bleiben Sie sich treu! Veränderungen sind unvermeidlich und bieten neue Möglichkeiten. Manchmal besteht das Neue jedoch auch darin, sich einer bestimmten Veränderung mit aller Kraft zu widersetzen!

Als Monatskarte: Individualität ist nicht im Alleingang möglich. Man muss durch viele Menschen hindurch gegangen sein, um zu seinem wahren Ich zu finden (nach Friedrich Nietzsche). Wenn Sie die Brücke zum Anderen, zum Fremden finden, verschwindet die Einsamkeit, dieser Schatten einer fehlenden Individualität, genauso wie die Gefahr, in der Masse unterzugehen.

Als Jahreskarte: »Erfahrungen von Dir und anderen fließen zusammen zu einem größeren Ganzen. (…) Du siehst, wie Dein Tun auf dem der Alten aufbaut und wie die Jungen es weiterführen. Ja, Zeit ist nur relativ. Du erkennst Dich selbst zugleich in dem Jungen und dem Alten. Keine Grenze, wo auf einmal Schluss ist. Nichts geht verloren. Nichts hält Dich ab, zu leben und Deinen Puls zu spüren, zu verweilen und zu gehen« (E. Bürger/J. Fiebig, Tarot – Spiegel Deiner Möglichkeiten).

Praxistipp: Tragen Sie zu einem Zusammenleben bei, worin jede und jeder den eigenen Weg mit viel Freude verwirklichen kann.

Ihr Weg zum Stern ist »Der Wagen« (10 + VII = XVII).

Wege zum Stern

Der Turm zu den Sternen

Der Weg zum »Stern« geht über den »Turm«. Vor der Nummer 17 kommt die Station 16. Am »Turm« jedoch scheiden sich oft die Geister. Im Unterschied zum »Stern« zählt diese Karte für die wenigsten Menschen zu den Lieblingskarten im Tarot. Oft stehen Zerstörung, Verlust und Absturz in der Wahrnehmung im Vordergrund. Doch wir sollten uns vor voreiligen Bewertungen hüten. Jede Karte im Tarot, jedes Symbol in Märchen, Mythen und Träumen, besitzt jeweils mehrere Bedeutungen, positive und negative und etliche zwischen Schwarz und Weiß.

Beim »Turm« muss man anerkennen, dass es Leute gibt, die im Schwimmbad gerne vom Turm springen oder die das Fallschirmspringen zum Hobby erkoren haben. Generell – so sagt uns die Psychologie – können Springen, Fallen und Fliegen im wirklichen Leben wie auch im Traum nicht nur mit Angst, sondern ebenso mit Lustgefühlen verbunden sein. Zu denken gibt uns auch, dass die Karte XVI im *Tarot de Marseille* seit alten Zeiten *La maison dieu* heißt: *das Haus Gottes* oder *Gott als Heimat!* Das kann nicht nur und ausschließlich Zerstörung oder Absturz bedeuten.

Annäherung an den Turm

Beginnen wir also zunächst mit einer Bildbetrachtung, mit einer vorsichtigen »Turmbesteigung«! Stellen Sie sich vor, Sie hätten die Karte »Der Turm« aus Ihrem Tarot gezogen oder Sie würden eine ähnliche Sequenz im Traum träumen. Wie erleben Sie die Szene? Wie wirkt dieses Bild auf Sie?

Es gibt unterschiedliche Darstellungen des »Turm«. Oft sehen wir einen Turm, einen Blitz, der einschlägt, Feuer, etwas, das zur Seite kippt oder fällt, und Bildfiguren, die fallen und/oder fliegen. Meistens ist nicht der Moment ihres Absprungs oder des Hinausgeworfenwerdens zu sehen und auch nicht den Moment der Landung oder des Auftreffens auf dem Boden. Es geht hier offenbar nur um den Moment *dazwischen* – zwischen Himmel und Erde, um jenes Reich, das auch die Heimat der Engel darstellt und von dem Shakespeare sagte: »Es gibt mehr Dinge zwischen Himmel und Erde, als die Schulweisheit sich erträumen mag.«

Zwei gegensätzliche Urbilder

Tatsächlich spiegeln sich in diesem Bild zwei Archetypen, zwei Urbilder wider. Auf der einen Seite der *Turmbau zu Babel* und auf der anderen Seite das *Pfingstereignis*.

Der Turmbau zu Babel war Ausdruck des menschlichen Größenwahns. Er endete in der Zerstörung des Turms. Die Bauleute stürzten auf die Erde zurück. Und es bildete sich die *babylonische Sprachverwirrung*: Seitdem verstanden die Menschen einander nicht mehr!

Das Pfingstereignis stellt gerade umgekehrt die Aufhebung von Sprachverwirrung und Verständigungsproblemen dar. Die Jünger Jesu waren an einem Ort versammelt, so heißt es in der Apostelgeschichte, sie wurden erfüllt vom Heiligen Geiste und begannen zu predigen: und jeder verstand sie in seiner Muttersprache!

Das Pfingstereignis stellt die Überwindung von Sprachgrenzen dar und im Endeffekt die Aufhebung von Verständnisbarrieren jeder Art. Das Eingreifen des Heiligen Geistes erkennen wir in vielen Bildversionen an gelben Feuerzungen und / oder an einer weißen Taube.

Der »Turm« steht für Hochenergien ...

Diese archetypischen Bedeutungen gelten auch und gerade heute. Der Turm im Tarot stellt ein Symbol für die höchsten Energien des Menschen dar. Hochenergien, die wir unfreiwillig erleben, sind im schlimmsten Falle *Gewalt*, und gewaltsame Zumutungen und Übergriffe können auch heute noch die Sprache verschlagen und die Sprache rauben!

Der positive Umgang mit den höchsten Energien, die wir kennen, aber ist die *Liebe*. Und mit Liebe können wir auch heute täglich unser Pfingsten erleben. So bleibt es auch heute möglich, im Geiste der Liebe Sprach- und Verständigungsgrenzen zu überwinden. Das gilt zum Beispiel, wenn man sich im Ausland verliebt: Da wird es mit der Liebe leicht, sich über Sprachgrenzen hinwegzusetzen. Doch das Gleiche gilt sogar im Inland, denn auch hier hat jeder Mensch in gewisser Hinsicht seine eigene Sprache. Mit der Kraft der Liebe gelingt es uns, den Elfenbeinturm zu verlassen, gleichsam die Maske abzunehmen, sich nicht zu verschanzen, sondern sich zu öffnen und sich fallen zu lassen, also ganz einzubringen.

... und Höhepunkte

Den »Turm« kann man zunächst so betrachten, dass der Blitz eingeschlagen ist und die Bildfiguren aus dem Turm geworfen hat. Das wäre eher die unfreiwillige, gewaltsame Version.

Doch das Bild lässt sich auch so verstehen, dass die Bildfiguren den Absprung gewagt haben, herausgetreten sind aus ihrer Abgehobenheit, aus der Versteinerung, der Isolation und dem Egoismus. Dem entsprechen »zugespitzte« Lebenssituationen, in denen jemand zum Beispiel eine berufliche Stellung kündigt, weil er sie nicht mehr ertragen kann oder will, wenn er also kündigt, ohne bereits eine neue Stelle zu haben. Oder das Gleiche für eine Beziehung: Wenn wir eine Beziehung aufgeben, die zum turmartigen Gefängnis, zur Erstarrung und Abschirmung von der Welt geführt hat, dann setzt diese Scheidung oder Trennung enorme Energien frei.

Das Gleiche gilt aber nicht nur für eine Trennung, sondern auch im umgekehrten Fall der Zuwendung und Öffnung für einen fremden Menschen! Einem Menschen in seinem Zentrum zu begegnen, gleicht einer Revolution, auch dieses stellt das Bild dar.

Nicht zuletzt stellt der »Turm« (oft mit Feuerwerk und Feuerregen) auch ein Bild des Orgasmus im konkreten und im übertragenen Sinne, eben ein Bild der Höhepunkte und der Hochenergien! In diesem Sinne lässt sich die Karte auch so betrachten, dass *zuerst* die Menschen den Absprung wagen, aus isolierten und versteinerten Verhältnissen ausbrechen, und durch diesen Sprung ins Unbekannte, durch diese Öffnung für das Andere und Neue, setzen sie große Lebensenergien frei, die sich symbolisch, äußerlich durch den Blitz im Bild darstellen.

Dem Himmel so nah

Größenwahn, aber auch das Bestreben, dem Himmel nahe zu sein, spiegeln sich im Motiv des Turms wider. Türme dienen der Sicherheit und der Orientierung (Aussichts- und Leuchtturm), sie nehmen gefangen (wie im Märchen *Rapunzel*), sie bieten Schutz und Exil in harten Zeiten (wie im Märchen *Jungfrau Maleen*).

Türme gab und gibt es in den verschiedensten Kulturen und Epochen. Sie wurden ursprünglich häufig in Verbindung mit Heiligtümern errichtet. Wenn wir heute an Türme denken, fallen vielen die »Wolkenkratzer« überall in der Welt sowie die zerstörten

Twin Towers des *World Trade Center* in New York ein; viele denken auch an Schloss- und Kirchtürme. »In allen seinen unterschiedlichen Erscheinungsformen bleibt die Grundform des Turmes als steiles, zum Himmel aufragendes Bauwerk bestehen«, stellt Magdalene Magirius[4] in einer Studie zum Turm als Symbol fest: »Es symbolisiert die Bemühung des Menschen, das alltägliche Niveau zu überschreiten.«

Die Lust am Fliegen

Der Drang des Menschen, Türme zu errichten, speist sich aus ähnlichen Quellen wie die Lust an der Besteigung von Aussichtspunkten oder hohen Bergen oder – noch allgemeiner – wie die Lust am Fliegen. Der Blick aus der Vogelperspektive (die eben auch die Blickweise der »Engel« ist!) kann uns Einsichten verschaffen, die wir aus gewohnter Perspektive nicht wahrnehmen können. In Kunst und Literatur sind daher Turm und Berg, aber auch der Erkenntnisprozess, der in dem »Blick von oben« liegt, oft dargestellt und beschrieben worden.

Eines der eindrücklichsten Zeugnisse ist der Bericht des großen Dichters Francesco Petrarca (1304-1374) über die Besteigung eines hohen Berges in Südfrankreich. Er berichtet von dem Reiz und den Mühen des Aufstiegs auf den Mont Ventoux. Die Beschreibung endet überraschend mit der Schilderung des schweigenden Abstiegs, den er sich und seinem Begleiter zumuten musste.

Petrarca hatte auf dem Gipfel des Berges ein Buch aufgeschlagen: Um »nach dem Beispiel des Leibes auch die Seele zum Höheren« zu erheben, hatte er oben angekommen in einem mitgeführten Buch des Kirchenvaters Augustinus (gest. 430) eine zufällig aufgeschlagene Stelle gelesen. In einem Brief gibt er die Passage, die ihn von da an vorübergehend verstummen ließ, nochmals wieder: *»Da gehen die Menschen, die Gipfel der Berge zu bewundern und die Fluten des Meeres, die Strömungen der Flüsse und das Ausmaß des Ozeans und der Gestirne Bahnen, und haben nicht Acht ihrer selbst.«*[5]

Petrarca und Augustinus sagen uns damit: Die Reise in die Welt soll auch eine Reise zu sich selbst sein. Der Weg nach oben muss mit dem Weg in die Tiefe verbunden sein. Wer fest in und auf der Erde verwurzelt ist, braucht keine Angst vorm Fliegen zu haben und kann sich den Hochenergien des »Turm« anvertrauen, ohne unnötige Risiken einzugehen.

Hölle, Turm und Stern

Der Weg nach oben soll, damit er dauerhaft gelingt, mit dem Weg in die Tiefe verbunden sein. Genau davon handelt ein katalanisches Märchen mit dem Namen »Der Turm zu den Sternen«[5]. Ein König steckt seine Tochter in einen Turm, der dadurch in die Höhe wächst, dass die (mit eingemauerten) Bauleute immer weiter in die Tiefe graben und aus dem daraus gewonnenen Material den Turm bauen, bis er endlich zu den Sternen reicht. Da erfährt die Königstochter, wo sie Hilfe findet, und sie befreit sich schließlich durch den Gang durch tiefe Keller, bis sie nach vielen Abenteuern wieder zum Vater zurückfindet und Königin wird.

In diesem Märchen wächst der Turm in die Tiefe und die Höhe und verbindet schließlich die Kammern der Unterwelt mit den Sternen. Genau diesen Weg zeigen uns auch die Tarot-Karten. Denn nach der seit langem üblichen Reihenfolge sieht der Weg zum »Stern« so aus:

Der Weg zum »Stern« geht durch die Hölle (den »Teufel«) und über den »Turm«.

Die Macht der Natur

Betrachten wir zunächst den »Teufel«. Auch dieser besitzt wie jede Tarot-Karte und wie jedes Symbol in Märchen, Mythen und Träumen seine Doppeldeutung. Oft wird diese Karte nur *verteufelt*, und manchmal wird sie nur verherrlicht. Doch mit Einseitigkeit ist dieser Karte nicht beizukommen.

In den meisten Darstellungen treffen wir auf große Hörner am Kopf des »Teufel«. Sich gegenseitig die Hörner aufzusetzen, bedeutet umgangssprachlich, den Partner durch (sexuelle) Untreue so zu reizen, dass er zum »Tier« wird und/oder dass er der blamierte ist. Diese Bedeutung kann die Karte natürlich haben. Doch es ist merkwürdig, dass bis heute viele Deutungsbücher ausgerechnet bei der Karte »Teufel« über Sex und Erotik schreiben. Wie viel seltener wird dies bei der Karte erwähnt, die tatsächlich zuallererst für Liebe, Sex und Erotik steht und die auch noch die Nummer Sechs trägt: VI-Die Liebenden!

Bei den Hörnern geht es im Wesentlichen jedoch um etwas anderes. De Hörner drücken aus, dass der Mensch noch tierisch-animalische Züge trägt. Wir sind nicht nur als Engel vom Himmel gekommen, wir sind auch einst als Affen von den Bäumen geklettert. Die Hörner symbolisieren ein Stück *ungestalteter Natur*, die wir an und in uns tragen.

Die Bedeutung dieser ursprünglichen, ungestalteten Natur geht nun in zwei völlig unterschiedliche, ja gegensätzliche Richtungen. Auf der einen Seite ist dieses Stück ungestaltete Natur ein »Mistkerl«, so etwas wie ein wirklicher »Schweinehund«, auf der ganz anderen Seite jedoch ein »Kellerkind«, eine wertvolle, aber bisher unbekannte oder missachtete Seite in uns selbst.

Vampir und Kellerkind

Auf der einen Seite stellt der »Teufel« etwas Negatives, Zerstörerisches dar – einen Quälgeist, einen »Teufelskreis«, mit dem wir uns und anderen das Leben schwer machen. Jeder besitzt – bis er sie durchschaut und loswird – solche Mechanismen der Sabotage und Selbstsabotage in der einen oder anderen Form. Diese negativen Angewohnheiten können zum Beispiel darin bestehen, dass man stets kurz vor dem Ziel aufhört, dass man die Menschen, die man besonders liebt, besonders verletzt oder dass man sich selbst oder anderen allzu große Opfer abverlangt.

Diese Mechanismen, diese *»Teufelskreise«* wahrzunehmen, hat nur den Zweck, sie zu erkennen, um sie loszuwerden. Wir bezeichnen diesen »Schweinehund« besser als einen *Vampir*, weil es sich um Mechanismen handelt, die uns tatsächlich Blut und Lebensfreude, eben die Lebenskraft entziehen. Diese negativen »Teufelskreise« haben keinen weiteren Sinn, sie sind »Mist« und müssen entsorgt werden: Als Humus können sie auf dem Acker des Lebens noch Dünger für die Ernte sein.

Auf der ganz anderen Seite markiert der »Teufel« ein *Kellerkind*: ein Stück der eigenen Natur, dass wir bisher nicht anerkannt und daher nicht gepflegt oder kultiviert haben. Nach diesem Teil des eigenen Selbst haben wir Sehnsucht, und dieses »Kellerkind«, müssen wir abholen und aus dem dunklen Verlies befreien. Man muss Licht und Sonne ins Dunkel bringen: Der *Vampir* zerfällt zu Staub, wenn er mit Licht und Sonne in Berührung kommt, er wird zum Dünger auf dem Lebensacker. Das *Kellerkind* seinerseits bekommt Kraft und Farbe, wenn es mit Licht und Sonne in Berührung kommt.

Gemischte Gefühle

Das Problem beim »Teufel« besteht nun oft darin, dass die Beschäftigung damit *gemischte Gefühle* auslöst. Gegenüber dem Quälgeist oder »Vampir« verspüren wir mit Recht Widerstand und Abscheu. Zum »Kellerkind«, zu den eigenen ungeborenen Werten und Talenten verbindet uns jedoch eine starke Sehnsucht.

Diese Mischung aus Widerstand und Anziehung, aus Abscheu und Sehnsucht löst sich jedoch nach einiger Dauer auf. Mit der Zeit können wir Freund und Feind deutlich unterscheiden. Dann trennt sich das, was zunächst mit gemischten Gefühlen verbunden war, auf in den Quälgeist, den »Vampir« und den »Mist«, den wir nun endlich loswerden müssen – und in das liebenswürdige, zu akzeptierende und zu entfaltende »Kellerkind« auf der anderen Seite. (Das anfängliche Durcheinander der gemischten Gefühle macht übrigens auch den griechischen Namen des Teufels aus: *Diabolos* heißt wörtlich *der Durcheinanderwerfer*.)

Der »Teufel« handelt also von Tabuarbeit. »Vampir« und »Kellerkind« waren auch vorher schon da. Der »Teufel« zeigt lediglich an, dass diese zuvor unterschwelligen Themen nun gleichsam auf der Schwelle hocken, ans Tageslicht gekommen und damit zum Tagesthema, zur aktuellen Aufgabe geworden sind. So fordert uns diese Karte zur *Tabuarbeit* auf: Es gibt immer Tabus, die inzwischen überholt sind und aufgehoben werden müssen. Und immer gibt es auch noch fehlende Tabus, einen Bedarf an sinnvollen Regeln und neuen Tabus, die eingerichtet werden müssen!

Tabu-Arbeit

So lässt sich die gewaltige Kraft, die in der Karte »Turm« zum Ausdruck kommt, vielleicht noch besser verstehen. Wenn beim »Teufel« unnötige Tabus aufgehoben und dringend benötigte Tabus endlich eingerichtet werden, dann stellt dies eine riesige Befreiung dar, dann setzt dies eine große Energie frei, und eben dafür steht die nächste Karte »Der Turm«.

Wenn Liebe auch vor Tabus nicht halt macht (und zwischen »Mist«/»Vampir« und andererseits »Kellerkind«/»verborgener Schatz« unterscheidet), können wir täglich unser »Pfingsten« erleben. Wir überwinden Hochmut ebenso wie Haarspalterei eben im Name der Liebe. »Der Stern« stellt dann einen Menschen dar, der zu Schönheit und Klarheit gefunden hat. Und Schönheit bedeutet hier zugleich *Wahrheit*[6].

Sie zeigt im positiven Sinne einen Menschen, der seinen Anteil an der Schöpfung begreift (siehe die beiden Krüge, mit denen Wasser geschöpft und weitergegeben wird). Der Fuß ruht auf dem Wasser, und Wasser steht in der Symbolkunde für die Seele und das Seelenleben. Der Fuß ruht auf dem Wasser – das bedeutet: Die Seele trägt!

Wie jede Karte besitzt jedoch »Der Stern« seine negativen Seiten. Der Fuß, der auf dem Wasser ruht, bedeutet im negativen Fall, dass kein Zugang zur Seele und zum Seelenleben gefunden wird. Die Karte steht in dem Sinne für vereiste Gefühle und Oberflächlichkeiten. Wer versucht ein »Star« zu sein, ohne zuvor in die Tiefe zu gehen, und sich mit Teufel und Turm auseinander zu setzen, wird *starr*.

Die Versteinerung des »Turm« setzt sich dann beim »Stern« in einer seelischen Erstarrung fort. Zu den negativen Bedeutungen der Karte »Stern« gehören denn auch Themen wie der Narzissmus (die übersteigerte Selbstliebe), der Autismus (der fehlende Bezug zum Menschen) und generell die Fremdheit in der Welt. Ein Liedvers aus der »Neuen Deutschen Welle« drückt diese Erstarrung sehr deutlich aus: »In meinem Film bin ich der Star / ich komm auch nur alleine klar / Panzerschrank aus Diamant / Kombination unbekannt:/ Eiszeit …« *(Gruppe Ideal, »Eiszeit«).*

Das Licht aus der Tiefe

Im guten Sinne aber führt uns der Gang durch die »Hölle« in die Tiefe und zur Klärung unserer Basiswerte. Der vernünftige, gedeihliche Umgang mit diesen Ur-Energien erlaubt es uns beim »Turm«, Höchstleistungen zu erbringen und unsere Maske, unser Ego abzustreifen und dann beim »Stern« zur »Erleuchtung«, zur wahren Schönheit zu gelangen.

Im Märchen besteht dieser Prozess zum Beispiel darin, dass jemand seine Tierhaut abstreift und als schöner Prinz oder schöne Prinzessin hervortritt. Und im Tarot erzählt die Reihenfolge der Karten *Teufel, Turm und Stern* von dieser beglückenden Wandlung.

Wege zum »Stern«

Im Folgenden werden die Wege zum »Stern« von allen möglichen Ausgangskarten aus beschrieben. Wenn Sie sich mit einer bestimmten Karte beschäftigen, können Sie den folgenden »Wegbeschreibungen« entnehmen, wie Sie am besten zum »Stern« gelangen

- **I-Der Magier** (und die 4 Asse)

Der Weg zum Stern ist »Der Turm« (I + XVI = XVII). Der *Zauber des Magiers* (und der übrigen Asse/1er-Karten im jeweiligen Element) erwächst aus dem Geschenk der eigenen Existenz und dem Talent der Einzigartigkeit. Das Leben ist *kein* permanenter Existenzkampf, aber auch *kein* bloßer Spaziergang auf einer grünen Wiese. Der »Turm« bedeutet, »den Tiger zu reiten«, sich bewusst zu öffnen und ganz einzubringen.

- **II-Die Hohepriesterin** (und »2 Stäbe«, »2 Kelche«, »2 Schwerter«, »2 Scheiben«)

Der Weg zum Stern ist »Der Teufel« (II + XV = XVII). Das *Geheimnis der Hohepriesterin* (und der übrigen 2er-Karten im jeweiligen Element) ist der Sinn des Eigenen. Dieses erhabene, wunderbare Geheimnis gleicht der »Blauen Blume« im Märchen. Nur wer auf die Suche geht, Schwarz und Weiß durchlebt, das Eigene wie das Fremde und ganz Andere kennt, findet die Antwort. Nichts anderes aber bedeutet der »Teufel« als Weg: die persönliche Auseinandersetzung mit Tabus.

- **III-Die Herrscherin** (und »3 Stäbe«, »3 Kelche«, »3 Schwerter«, »3 Münzen«)

Der Weg zum Stern ist die »Mäßigkeit« (III + XIV = XVII). Das *Wesen der Herrscherin* (und der übrigen 3er-Karten im jeweiligen Element) ist die Natur. Dabei geht es einmal um die persönliche *Natürlichkeit*, das betrifft die Spontaneität und die Emotionen (das, was uns bewegt). Und zu anderen geht es um die Natur der Dinge, um das Verständnis für das *Wesen* eines Menschen, einer Aufgabe, einer Sache etc. Die »Mäßigkeit« stellt die Aufarbeitung von Wünschen und Ängsten, die Lösung großer Aufgaben als Weg heraus. Die spontane Instinkt-Natur

(III) erfährt ihren *wahren Willen* (+ XIV) und mausert sich so zum schönen *Stern* (= XVII).

- **IV-Der Herrscher** (und »4 Stäbe«, »4 Kelche«, »4 Schwerter«, »4 Münzen«)

Der Weg zum Stern ist der »Tod« (IV + XIII = XVII). Das *Prinzip des Herrschers* (und der übrigen 4er-Karten im jeweiligen Element) besteht in der Selbst-Regierung und darin, ein eigenes Reich zu begründen. Wie der Widder (s. im Bild) den ersten Monat im Jahreskreis darstellt, so ist der »Herrscher« der Erste, der Pionier, der Herrscher im eigenen Reich, in dem vor ihm noch keiner war. Doch nicht nur Neuanfang und Aussaat, sondern auch Beendigung und Ernte sind erforderlich, wenn das Leben glücklich geraten soll. Daher tritt hier der »Tod« als Weg, als Verbindung hin zum strahlenden, bewussten Sein des »Stern« auf: »Was wirst du ernten?«

- **V-Der Hohepriester** (und »5 Stäbe«, »5 Kelche«, »5 Schwerter«, »5 Münzen«)

Der Weg zum Stern ist »Der Gehängte« (V + XII = XVII). Die *Quintessenz des Hohepriesters* (und der übrigen 5er-Karten im jeweiligen Element) besteht in eigenen Bewertungen und Bedeutungen oder – anders ausgedrückt – im Wert und der Bedeutung des Eigenen. Lehren und lernen, sich mitteilen, sich gegenseitig einweihen – das ist die Welt des »Hohepriester«. Der »Gehängte« vertritt demgegenüber den Wert und die Bedeutung des ganz Anderen, des Fremden und Unbekannten, des Gegenteils, der Prüfung. Seine Welt ist die kompromisslose Leidenschaft: Er hängt sich mit der ganzen Existenz an das, woran er glaubt! Und eben dieser praktizierte Glaube bringt den »Hohepriester« zum »Stern«!

- **VI-Die Liebenden** (und die Karten »6 Stäbe«, »6 Kelche«, »6 Schwerter«, »6 Münzen«)

Der Weg zum Stern ist – je nach Deck – die »Kraft« oder die »Gerechtigkeit« (VI + XI = XVII). Die *Erkenntnis der Liebenden* (und der übrigen 6er-Karten im jeweiligen Element) lautet: »Wir lieben den Unterschied!« Je deutlicher der Unterschied, desto klarer und schöner die Gemeinsamkeiten. Die »Kraft« handelt von gesteigerter Lebendigkeit und vom Mut zur Auseinandersetzung auch mit »großen Tieren« (Löwe) und »Göttern und Heiligen« (Weiße Frau, Himmelsmutter, Große Mutter). Durch den Mut, sich abzunabeln und die eigene Lust, den eigenen »Platz an der Sonne« zu definieren, werden aus den »Liebenden« glückliche »Sterne«, die lange leuchten. Auch die »Gerechtigkeit« hilft bei diesem Prozess. Zumal die »Gerechtigkeit« nicht nur von Verträgen oder von Rechten und Pflichten, sondern stets auch von Lust und Liebe, von Libido und befriedigten Bedürfnissen handelt.

- **VII-Der Wagen** (und die Karten »7 Stäbe«, »7 Kelche«, »7 Schwerter«, »7 Münzen«)

Der Weg zum Stern ist »Das Rad des Schicksals« (7 + X = XVII). Der *Weg der Wagens* (und der übrigen 7er-Karten im jeweiligen Element) ist der Weg der Selbständigkeit und der Lösung jener Rätsel, die sich nur für die eigene Person stellen und die auch nur von einer/m selbst gelöst werden können. Thema des »Wagen« ist die Selbst-Erfahrung. Das »Rad des Schicksals« steht dagegen für den »geschickten Umgang mit dem Geschick«, für die Lebensweisheit, die wir erlangen, wenn wir aus *allen* Arten von Erfahrung lernen – nicht nur aus der eigenen, sondern auch aus der Erfahrung von vielen anderen Menschen, aus vielen Sprachen, Epochen und Kontinenten. Selbst-Erfahrung plus gelebte, angewandte *Bildung* ergeben zusammen die persönliche Wahrheit des »Stern«.

- **VIII-Gerechtigkeit / Kraft** (und die Karten »8 Stäbe«, »8 Kelche«, »8 Schwerter«, »8 Münzen«)

Der Weg zum Stern ist »Der Eremit« (8 + IX = XVII). Das *Geschenk der Gerechtigkeit oder Kraft* (und der übrigen 8er-Karten im jeweiligen Element) erwächst aus der Annahme unserer ererbten Doppelnatur als Tier und als Engel. Wilde Triebe und heilige Ideale müssen immer wieder neu »gezähmt« und in eine neue Balance gebracht werden. In diesem Prozess wird der Mensch erst ganz geboren. So wachsen mit der Lebenserfahrung Kraft und Lebendigkeit noch an! Der Weg zum »Stern« wird dabei durch den »Eremit« geebnet. Dessen »Weisheit« besteht darin, die ererbten Probleme zu lösen und Verletzungen zu heilen. Durch die Aufhebung von »Karma« und »Erbsünde« (IX-Der Eremit) wird die »Kraft« (VIII) leuchtend, unbefleckt und klar (XVII).

- **IX-Der Eremit** (und die Karten »9 Stäbe«, »9 Kelche«, »9 Schwerter«, »9 Münzen«)

Der Weg zum Stern ist – je nach Deck – die »Gerechtigkeit« oder die »Kraft« (9 + VIII = XVII). Das Gleiche nun umgekehrt und dadurch doch mit einem anderen Akzent: Die *Aufgabe des Eremiten* (und der übrigen 9er-Karten im jeweiligen Element) besteht darin, die ererbten Probleme zu lösen und Verletzungen zu heilen – Dinge zu bereinigen. Die »Gerechtigkeit« hilft bei diesem Prozess. Zumal die »Gerechtigkeit« nicht nur von Verträgen oder von Rechten und Pflichten, sondern stets auch von Lust und Liebe, von Libido und befriedigten Bedürfnissen handelt. Die »Kraft« handelt von gesteigerter Lebendigkeit und vom Mut zur Auseinandersetzung auch mit »großen Tieren« (Löwe) und »Göttern und Heiligen« (Weiße Frau, Himmelsmutter, Große Mutter). Die Fähigkeit zur Problemlösung und Problembeseitigung beim »Eremit« (IX) gewinnt durch die »Kraft«, nicht zuletzt durch den Mut zur Auseinandersetzung mit animalischen und himmlischen Urkräften (+ VIII), eine neue Dimension von großer Ausstrahlung (= XVII-Der Stern).

- **X-Rad des Schicksals** (und die Karten »10 Stäbe«, »10 Kelche«, »10 Schwerter«, »10 Münzen«)

Der Weg zum Stern ist »Der Wagen« (10 + VII = XVII). Das *Glück beim Rad des Schicksals* (und den übrigen 10er-Karten im jeweiligen Element) steht und fällt damit, dass wir lernen und über uns hinauswachsen. Das »Rad des Schicksals« steht für den »geschickten Umgang mit dem Geschick«, für die Lebensweisheit, die wir erlangen, wenn wir aus *allen* Arten von Erfahrung lernen und damit unser Leben steuern. Für diese Aufgabe der Navigation kommt der »Wagen« gerade recht: Er steht für die Selbständigkeit und für die Kunst, einen eigenen Weg zu finden und den eigenen Kurs zu steuern!

- **XI-Kraft / Gerechtigkeit**

Der Weg zum Stern sind »Die Liebenden« (XI + VI = XVII). Die »Gerechtigkeit« handelt nicht nur von Prozessen und Verträgen oder von Rechten und Pflichten, sondern auch von Lust und Liebe, insgesamt vom guten und richtigen Umgang mit den unterschiedlichsten Anforderungen und Absichten. *Kraft / Gerechtigkeit* steht für die Ermittlung der wahren Bedürfnisse. »Die Liebenden« helfen dabei mit ihrer Gabe der Liebe und der Erkenntnis. Beide Karten zusammen genommen führen uns zum »Stern«, zur Klärung und Erfüllung wichtiger Wünsche.

- **XII-Der Gehängte**

Der Weg zum Stern ist »Der Hohepriester« (XII + V = XVII). Der »Gehängte« schaut in eine andere, »surreale« Welt. Er stellt sich auf den Kopf, prüft seinen Glauben auf Herz und Nieren und hängt sich mit seiner ganzen Existenz an das, woran er glaubt! Der »Gehängte« steht für »das Höchste der Gefühle«, für große Leidenschaft und höchste Einsatzbereitschaft. Der »Hierophant« jedoch vermittelt seine Erfahrungen an andere und mit anderen. Lehren und lernen, sich mitteilen, sich gegenseitig einweihen – diese Stärken des »Hohepriester« kombiniert mit der Tiefenwahrnehmung des »Gehängten« machen uns zum »Stern«, zu einem Fixpunkt, zu einem Leuchtturm der Erfahrung, der vieles im Leben verständlicher und klarer macht!

■ **XIII-Tod**

Der Weg zum Stern ist »Der Herrscher« (XIII + IV = XVII). Der »Tod« steht für Ende und Übergang, der »Herrscher« für Anfang und Einstieg. Beide ergänzen sich wie Tag und Nacht, und beide zusammen sind wie ein Feuer in der Nacht, eben wie ein leuchtender Stern. Die nötige Brücke, um vom »Tod« zum »Stern« zu gelangen, ist »Der Herrscher« mit seinen Fähigkeiten als Meister und Anfänger, etwas zu beginnen, (mit sich) selbst, mit dem Leben und den gegebenen Möglichkeiten etwas anzufangen!

■ **XIV-Mäßigkeit**

Der Weg zum Stern ist »Die Herrscherin« (XIV + III = XVII). Die »Mäßigkeit« handelt vom »wahren Willen« und von Lebenszielen. Sie betrifft die Aufarbeitung von Wünschen und Ängsten und die Lösung großer Aufgaben. »Die Herrscherin« fügt nun die Natur, das Wesentliche und die Fruchtbarkeit hinzu. Das hilft gegen Idealismus und Künstlichkeit beim Engel der »Mäßigkeit«. Beide Bildfiguren – im Bild der »Herrscherin« wie der »Mäßigkeit« – weisen deutlich auf die Verbindung von Himmel und Erde hin. So gehen Wunsch und Wirklichkeit miteinander eine glückliche Verbindung ein, und das wiederum verkörpert in *einem* Bild der »Stern«.

■ **XV-Der Teufel**

Der Weg zum Stern ist »Die Hohepriesterin« (XV + II = XVII). Der »Teufel« verkörpert ein Stück ungestalteter Natur. Wie jede andere Karte zeigt er uns eine Kraft, die uns zum Fluch oder zum Segen geraten kann. Man muss nur – doch auch dies gilt für jede Karte – an der *einen* Karte deutlich die *zwei* Seiten von Warnung und Ermutigung unterscheiden. Der »Teufel« stellt auf der einen Seite einen wirklichen Quälgeist, einen »Vampir« (in uns) dar, der uns Energie und Erfolg raubt. Dasselbe Bild zeigt auf der anderen Seite das »Kellerkind« (in uns), bisher abgelehnte Lebensmöglichkeiten, die uns Energie und Erfolg schenken könnten. Beide Seiten gilt es säuberlich zu trennen, um den »Vampir« loszuwerden und das »Kellerkind« heimzuholen. Wer könnte diese Aufgabe der Filterung, der inneren Trennung von Spreu und Weizen besser erfüllen als die »Hohepriesterin«, die mit ihren Säulen, dem Vorhang und dem Kreuz auf der Brust anzeigt, dass das Lösen und Verbinden gleichsam ihr tägliches Brot darstellt?!

■ **XVI-Der Turm**

Der Weg zum Stern ist »Der Magier« (XVI + I = XVII). »Der Turm« steht für die höchsten Energien des Menschen. Im positiven Fall sind es die Energien die Liebe, mit denen wir hier »aus dem Häuschen« geraten. Der »Turm« bedeutet dann, seinen Elfenbeinturm zu verlassen, gleichsam die Maske abzunehmen und sich ganz einzubringen. »Der Magier« betont dabei den Zauber, die unverwechselbare Eigenart eines Menschen. Wenn die Persönlichkeit im Feuersturm der Liebe von Schlacken (von Vor-Wänden und Ein-Wänden) gereinigt wird, tritt die wahre Schönheit eines Menschen hervor, wie sie der »Stern« darstellt.

■ XVII-Der Stern

Der Weg zum Stern ist »Der Narr« (XVII + 0 = XVII). Der »Stern« steht für die Klärung von Wünschen und Ängsten und die Erfüllung von Lebensträumen. Der »Narr« bringt immer wieder die »Null« des Anfangs, immer wieder Überraschungen und neue Möglichkeiten ins Spiel. Und der »Narr« steht für den großen Lebenskreis, für seine Vollendung und Aufhebung im »Nirwana« – als »Null« und zugleich letzte Karte der 22 Großen Stationen des Tarot. So oder so, ist der »Narr« eine wichtige Ergänzung für den »Stern«: Er schützt ihn vor Erstarrung und vor einer Fixierung auf bestimmte Wünsche und Ziele.

■ XVIII-Der Mond

Der Weg zum Stern ist »Die Welt« (einen Schritt zurück – von 18 zu 17; oder 21 Schritte nach vorne von 18 wieder zur 17: XVIII+XXI = 39 = XXII [= einmal der ganze Kreis der großen Arkana] + XVII). »Der Mond« steht für die großen Gefühle, den Glauben, die Schöpfung und den ewigen Wandel. Das kollektive Unbewusste gehört zu dieser Karte, und so ist ein langer Weg erforderlich, um vom »Mond« vorwärts voran zum »Stern« zu gelangen: die 21 Schritte der »Welt«. Denn dieser lange Marsch heißt nichts anderes als auch das große kollektive Unbewusste ins Bewusstsein zu heben, bis es als »Stern« klar und transparent ist.

■ XIX-Die Sonne

Der Weg zum Stern ist das »Gericht« (zwei Schritt zurück – von 19 zu 17; oder 20 Schritte nach vorne von 19 wieder zur 17: XIX+XX = 39 = XXII [= einmal der ganze Kreis der großen Arkana] + XVII). »Die Sonne« beinhaltet die zweite Geburt, mit der wir in diesem Leben noch einmal und selbständig neu anfangen. Und das kollektive Bewusstsein gehört zu dieser Karte. Damit wir in diesem Prozess zu einem strahlenden »Stern« werden, braucht es die Kraft des »Jüngsten Gerichts«, nämlich die Kraft, einen wirklichen Strich unter die Vergangenheit zu ziehen – durch Abschied und Versöhnung zu einem neuen Leben aufzustehen.

- **XX-Gericht**

Der Weg zum Stern ist »Die Sonne« (drei Schritt zurück – von 20 zu 17; oder 19 Schritte nach vorne von 20 wieder zur 17: XX+XIX = 39 = XXII [= einmal der ganze Kreis der großen Arkana] + XVII). Das »Gericht« ist die eigentliche Transformations-Karte im Tarot. Erst wenn die Schatten der Vergangenheit und auch die Schatten, die eine noch unbekannte Zukunft voraus wirft, gänzlich aufgehoben sind, ist der »jüngste Tag« wirklich von heute und nicht von gestern oder morgen. Damit eine solche Transformation im persönlichen Leben gelingt und eine gute, klare Lösung findet (= der »Stern«), hilft uns die Energie der »Sonne«. Sie steht für die zweite Geburt, mit der wir in diesem Leben noch einmal und selbständig neu anfangen. Und sie besagt, dass wir mit Besonnenheit – mit Wissen und Bewusstheit – zu Werke gehen sollen.

- **XXI-Die Welt**

Der Weg zum Stern ist »Der Mond« (vier Schritt zurück – von 21 zu 17; oder 18 Schritte nach vorne von 21 wieder zur 17: XXI+XVIII = 39 = XXII [= einmal der ganze Kreis der großen Arkana] + XVII). »Die Welt« braucht Highlights, leuchtende Höhepunkte, wie sie der »Stern« bedeutet. Die Brücke zwischen der »Welt« und dem »Stern« aber ist der »Mond«: Aus den »ozeanischen Gefühlen«, aus dem großen Unbewussten, speisen sich die Träume, die uns immer wieder neu den Weg zum »Stern« zeigen und zur Aufgabe machen!

- **0/XXII-Der Narr** (und die Hofkarten, die keine Ziffer tragen und daher der »Null« zugeordnet werden)

Der Weg zum Stern ist »Der Stern« (0 + XVII = XVII). Der »Narr« ist unmittelbar zu »Gott« – *nichts* hält ihn davon ab, in dieser Nähe zu verweilen. Als Narr sind Sie wunschlos glücklich. Das mag verlockend klingen. Aber es ist auch eine Warnung. Ihre Wünsche und Ängste sind Hypothek und Kapital zugleich. Nehmen Sie es nicht auf die leichte Schulter, wenn Sie das Gefühl haben, etwas zu versäumen. Denn die Null warnt auch vor einem Leben nach der Devise »Außer Spesen nichts gewesen«. Erst die Aufhebung der Wünsche und der Ängste macht Sie im guten Sinne wunschlos glücklich. Und eben dafür steht der »Stern«.

Bonus
Tarot-Album
54 beliebte Tarot-Decks

Tarot-Album

Ägyptisches Tarot
Zahlreiche Varianten.

Während die Tarot-Karten tatsächlich aus der italienischen Renaissance stammen, bildet die Legende vom ägyptischen Ursprung die Grundlage vieler Mythen um das Tarot. Diese Legende, an der Antoine Court de Gébelin und Paul Christian besonderen Anteil haben, kann man symbolisch interpretieren: »Mit dem Tarot komme ich mit Dingen und Ereignissen in Berührung, die mir so kostbar sind wie beispielsweise ein Tempel des alten Ägyptens.«

Inzwischen ist es auch ein Stück Tarot-Nostalgie, wenn Karten, die wie das CROWLEY-TAROT im 20. Jahrhundert entstanden, sich auf den »ägyptischen Ursprung« des Tarot beziehen. Die Abbildungen zeigen drei populäre Varianten, *v.l.n.r.*: RAMSES TAROT DER EWIGKEIT, ÄGYPTISCHES TAROT, ALTÄGYPTISCHES TAROT.

Altes italienisches Tarot
1880. 78 Karten. Nachdruck 1998, 66 x 120 mm, ISBN 978-3-927808-80-5.

Aus Italien stammen die ältesten Tarot-Karten (s. VISCONTI TAROT). Seit Jahrhunderten besitzt Italien eine lebhafte Produktion von *tarocchi,* von Tarot-Karten. Historische Kartensätze existieren daher heute in großer Zahl. Dabei bildeten einzelne Regionen Italiens eigene Stilmerkmale aus.

Die hier abgebildete Ausgabe ist die Reproduktion eines Spiels, das um 1880 von der Cartiera Italiana (Italienische Papierfabrik) in Serravalle Sesia gedruckt wurde.

Black Tarot
Luis Royo, o. J.(ca. Ende der 1990er Jahre). 78 Karten, 60 x 110 mm, ISBN 978-3-89875-610-5.

Eines der frühen Decks mit Illustrationen im Gothic-Stil von dem wohl berühmtesten spanischen Comic-Künstler, Luis Royo, der auch das LABYRINTH TAROT entworfen hat. Aufgrund der freizügigen Darstellungen gehört dieses Deck zudem in die Gruppe der erotischen Tarot-Karten. Inzwischen gibt es einige Decks im Gothic-Stil, doch dieses hier hat über die Jahre eine feste Fan-Gemeinde gefunden und ist auch darüber hinaus für Tarot-Legungen höchst interessant. Es soll aufgrund seiner Darstellungsweise insbesondere auch für die unbekannten Seiten des Ichs einen Zugang ermöglichen. »Wir entdecken so die Schöne und das Biest in unserer eigenen Person« (*Luis Royo*).

Queen of Wands

2 Disks

18 Moon

Tarot-Album

Blumenelfen Tarot
Antonella Castelli und Laura Tuan, 2003. 78 Karten, 66 x 120 mm, ISBN 978-3-89875-539-9.

Dieses in zarten Aquarellfarben gehaltene Deck ist eine zauberhafte Bereicherung der aktuellen Elfen- und Feenmode. Antonella Castelli, die 1998 mit dem PRIMAVERA TAROT debütierte, ließ sich hierzu zwar von den berühmten Zeichnungen der englischen Illustratorin Cicely Mary Barker (1895-1973) inspirieren, schuf aber völlig eigenständige und ideenreiche Motive mit witzigen und verblüffenden Details. Die klassischen Farben des Tarot (Kelche, Schwerter, Stäbe und Münzen) sind in den Kleinen Arkana durch Blumen jeweils einer Blütenfarbe dargestellt: Kelche – blaue Blumen, Schwerter – weiße Blumen, Stäbe – rote Blumen und Münzen – gelbe Blumen.

Bosch Tarot
Atanas Atanassov, 2000. 78 Karten, 66 x 120 mm, ISBN 978-3-933939-14-2

Atanassov hat bereits mit dem VISCONTI TAROT und dem GOLDENEN ZAREN TAROT wahre Meisterwerke abgeliefert. Dieses Deck steht für eine Tendenz in der modernen Tarot-Entwicklung, die *historisierenden Tarots*. Dabei handelt es sich um Decks, bei denen die Künstler entweder die Illustrationen im Stil historischer Künstler gestalten (siehe DA VINCI TAROT) oder historische Themen in einem adäquaten Malstil darstellen (wie das ETRUSKISCHE TAROT) oder diese Themen modern gestalten (etwa das DANTE TAROT). Hieronymus Bosch (um 1450 – 1516) hat nie selbst ein Tarot-Deck gemalt. Atanassov greift die phantasiereiche Bilderwelt des großen Niederländers auf und adaptiert dessen allegorische Figuren für das Tarot. Furchterregende und skurrile Figuren in paradiesischen Landschaften regen die Gedanken an und verbinden Traum und Tarot.

Cosmic Tribe Tarot
Steve Postman, 1998. Nur als engl. Set mit Buch und 78 Karten, 76 x 128 mm, ISBN 978-0-89281-700-9.

Ein geradezu magisches und höchst erotisches Deck in photorealistischer Darstellung mit sehr freizügigen, aber immer ästhetisch schönen Kartenmotiven. Wenngleich man prinzipiell mit allen Tarot-Decks auch erotische Fragestellungen bearbeiten kann, so eignen sich diese Karten besonders dafür. »Dieses Deck müssen Sie sich ansehen. Jede Karten birst geradezu vor halluzinatorischer Kraft und Schönheit. Steve Postman hat ein Deck genau für unsere Zeit geschaffen: gefühlvoll und zugleich humorvoll, ja und ebenso kraftvoll und magisch « (*Brian Williams*).
»Einfach wundervoll, voll von beeindruckenden Farben und Figuren, die den Geist bewegen. Offen, direkt und phantasiereich, voller wilder und zugleich zärtlicher Liebe und transzendenter Erlebnisse « (*Alexandra Genetti*).

Enttäuschung

As der Schwerter

Der Eremit

DIE LIEBENDEN / LOS ENAMORADOS

RAD DES SCHICKSALS / LA RUEDA DE LA FORTUNA

Lights / Luci / Lumières / Luces / Lichter / Lichten

King of Flames / Re di Fiamme / Roi de Flammes / Rey de Llamas / König der Flammen / Koning van de Vlammen

Knowledge / Sapienza / Sagesse / Sabiduria / Weisheit / Wijsheid

Tarot-Album 128

Crowley-Tarot

Aleister Crowley / Lady Frieda Harris, 1943 / 1969. 78 Karten, verschiedene Ausgaben, Standardgröße, Pocketgröße oder de Luxe Großformat.

Crowleys eigene Bezeichnung »Thoth Tarot« spielt auf den ägyptischen Gott Thot an (engl. *Thoth,* entspricht dem griechischen Hermes). Die Karten zeichnen sich durch eine große Kraft der Symbolik aus und haben einen festen Platz als Tarot-Standard. Ungeachtet der Person Crowleys sind sie eine zuverlässige Quelle für Meditation und Interpretation.

Zu den Vorteilen dieser Karten gehören viele besonders geglückte Bildideen. Die Bilder sagen regelmäßig mehr aus als die aufgedruckten Untertitel! Diese (wie »Gewinn«, »Vergeblichkeit« usw.) sollten beim Kartenlegen abgedeckt werden (Klebeband oder Finger).

Dalí-Tarot

Salvador Dalí, ca. 1975 und 1984, 2003. 78 Karten, 78 x 140 mm, ISBN 978-3-89875-572-6 (mit Goldschnitt) / ISBN 978-3-89875-643-3 (Jubiläumsausgabe)

Neben dem VOYAGER TAROT und dem MARGARETE PETERSEN-TAROT zählen diese Karten zu den drei modernen Tarot-Klassikern. Traditionelle Tarot-Motive, Szenen aus den Werken alter Meister und eigene Schöpfungen sind kunstvoll zu aussagestarken Collagen komponiert. Dies macht das DALÍ-TAROT zu einem schönen und wertvollen Tarot, das ästhetisch und symbolisch bedeutsam ist.

Zum 100. Geburtstag von Salvador Dalí erschien eine Jubiläumsausgabe der Karten, ein umfangreiches Deutungsbuch und eine limitierte und numerierte Set-Ausgabe mit Buch, Karten und Zertifikat in mehreren Sprachen.

Dante-Tarot

Andrea Serio, 2001. 78 Karten, 66 x 120 mm, ISBN 978-3-933939-95-1.

Serio orientiert sich bei der Gestaltung seiner ungeheuer dynamischen, farbintensiven Bilder an literarischen Motiven aus Dantes (1265-1321) *Göttlicher Komödie,* der Darstellung einer metaphorischen Reise ins Jenseits auf dem Weg zur göttlichen Vollkommenheit und Dantes *Gastmahl,* einer enzyklopädischen Darstellung des mittelalterlichen Wissens in drei Gesängen, zweier bahnbrechender Werke des 13. Jahrhunderts. Zwischen Dante, seinem Werk und dem Tarot kann historisch gesehen keine direkte Verbindung geknüpft werden, da das Tarot erst im 15. Jahrhundert entstand. Doch waren die grundlegenden Lebensthemen in Dantes Werken für den Künstler Inspiration genug, dieses atemberaubende, historisierende Deck im modernen Malstil zu schaffen.

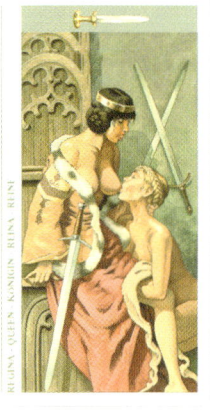
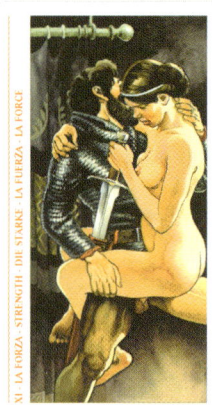
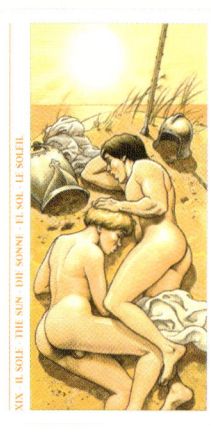

Tarot-Album

Da Vinci Tarot
Iassen Ghiuselev und Atanas Atanassov, 2003. 78 Karten, ISBN 978-3-89875-536-8 (Standardgröße 66 x 120 mm) / ISBN 978-3-89875-786-7 (Mini 44 x 80 mm).

Ein neues Tarot-Deck zu kreieren ist für jeden Künstler ein hoher Anspruch. Das DA VINCI TAROT hat diese Herausforderung hervorragend bewältigt. Begonnen wurde dieses Deck mit der Gestaltung der Großen Arkana durch den bulgarischen Künstler Iassen Ghiuselev im Jahre 1992. Zehn Jahre später schuf sein bulgarischer Kollege Atanas Atanassov (ein anerkannter Meister in der Adaption historischer Malstile) die Kleinen Arkana. Ein zweifelsohne wunderbares Deck ist so entstanden!

Decamerone Tarot
Giacinto Gaudenzi, 2002. 78 Karten, 66 x 120 mm, ISBN 978-3-89875-515-3.

Hier handelt es sich um ein historisierendes Tarot, bei dem Motive aus Giovanni Boccaccios *Decamerone* bildlich umgesetzt und mit der Symbolik des Tarot verbunden wurde. In erster Linie ist das DECAMERONE TAROT aber ein erotisches Tarot (siehe auch BLACK TAROT), wobei der Aufdruck »Nur für Erwachsene« zu Recht angebracht ist, lassen doch die Abbildungen an Eindeutigkeit keinen Zweifel zu. Manch einem wird dieses Deck sogar als zu ‚hart' erscheinen. Das tut allerdings seiner Beliebtheit keinen Abbruch oder wird es gerade deswegen so häufig gekauft...? Gaudenzi hat auch das ELFENZAUBER TAROT gestaltet, zu dem dieses Deck hier zwar deutliche Bezüge hinsichtlich des Zeichenstils, sonst aber nichts gemein hat.

Tarot der Drachen
Severino Baraldi und Manfredi Toraldo, 2004. 78 Karten, ISBN 978-3-89875-668-6 (Standardgröße 66 x 120 mm) oder ISBN 978-3-89875-823-9 (Mini 44 x 80 mm).

Der Drache ist ein wahrhaft multikulturelles Phänomen. Während im Fernen Osten der Drache vor allem ein Glückssymbol ist, hat er in Europa eine eher negative Bedeutung als Zeichen des Dunklen, Numinosen, das in finsteren Höhlen haust und zu bekämpfen ist (zum Beispiel die St. Georg-Legende). Die Drachensymbolik findet auch immer wieder Eingang ins Tarot. Ein bekanntes Beispiel ist etwa das DRAGON TAROT (hier ohne Abbildung) von Peter Pracownik und Terry Donaldson (den Schöpfern des HERR DER RINGE TAROT) von 1995.

Das abgebildete TAROT DER DRACHEN vereinigt Drachensymbole von allen Kontinenten mit ihren schillernden Bedeutungen in einem farbenprächtigen Spiel.

X Rad des Schicksals — Alexandrit

Drei der Schwerter — Amazonit

König der Münzen — Bernstein

IL MATTO

GLI INNAMORATI

LA PAPESSA

DER MOND / LA LUNA / LA LLINE / DE MAAN

DIE LIEBENDEN / EL ENAMORADO / LES AMANTS / DE GLIEFDEN

GERECHTIGKEIT / LA JUSTICIA / LA JUSTICE / GERECHTIGHEID

Tarot-Album

Edelstein Tarot
Toni Ott und Peter Kopfhammer, 1996. 78 Karten, 70 x 120 mm.
ISBN 978-3-905017-85-4.

Im EDELSTEIN TAROT wird die Symbolik der Tarot-Figuren durch entsprechende Edelsteine beziehungsweise Metalle ausgedrückt. Die Karten tragen jeweils eine Fotografie des entsprechenden Edelsteins bzw. Metalls und sind neben sowohl mit der Bezeichnung des Steins als auch mit der Bezeichnung der Tarot-Karte betitelt (z. B. XIII-Tod – Amethyst, 10 der Münzen – Tigerauge). In den Deutungstexten von Helmut G. Hofmann sind zu jeder Tarot-Figur zunächst die Eigenheiten des Edelsteins bzw. Metalls beschrieben und dann die unterschiedlichen Deutungsmöglichkeiten im Zusammenhang mit der jeweiligen Tarot-Karte, auf der sie abgebildet sind. Zusätzlich kann die ‚Wirkung' der jeweils gezogenen Karten durch das Beisichtragen des beschriebenen Steins oder Metalls unterstützt werden.

Elfenzauber Tarot
(Zuerst: Tarot der Goldenen Morgenröte) Giacinto Gaudenzi, 1998. 78 Karten, 66 x 120 mm, ISBN 978-3-933939-93-7.

Gaudenzi (KELTISCHES TAROT und DECAMERONE TAROT) bewegt sich hier in der Welt der Elfen und Kobolde. »Überaus phantasievolle Details machen dieses sehr charmante Deck zu einem Sehgenuss. Den Mythengestalten verleiht er sehr individualistische Züge, zuweilen blitzt den Gnomen der Schalk aus den kecken Augen. Sicher verbirgt sich auch hier gelegentlich der Schrecken hinter harmloser Fassade (Teufelsfuß beim Eremiten, das abgeschlagene Haupt auf dem Schoß der Schwert-Königin etc.). Den teuflischsten Teufel aller mir bekannten Decks hat dieses Spiel übrigens auch« *(Bertram Keller-Krohn).*

Etruskisches Tarot
Silvana Alasia, Riccardo Minetti und Pietro Alligo, 2002. 78 Karten, 66 x 120 mm, ISBN 978-3-89875-512-2.

Vorbild für dieses Deck ist die große Kultur der Etrusker, die noch vor dem Aufstieg Roms zur Weltmacht ein bedeutendes kulturelles Imperium im heutigen Italien errichtet hatten. Die etruskische Kultur wurde im frühen Rom derart aufgesogen und assimiliert, dass heute kaum mehr originär etruskische Spuren übrig sind. Die wesentlichen Überreste finden sich in ihren Nekropolen und den mit kunstvollen Fresken verzierten Gräbern. Die Künstler zogen vor allem diese Fresken für dieses historisierende Deck im etruskischen Stil heran. Für Freunde der Antike ein Genuß!

Die Hohepriesterin

Innere Gewissheit

II

Macht des Unterbewussten

Hoffnung und Zweifel, Träume und Angst, Wünsche und Furcht, das sind gleichzeitig Vollgas und Bremse. Die Antwort ist in der Tiefe, in der Ruhe. Wer frei von Druck die hemmenden und blockierenden Gedanken erkennt, der wird wieder frei für die weisen, tiefen Entscheidungen des Herzens. Der Weg zum Glück leuchtet hell und weit.

Vier der Stäbe

Bewegung zu anderen

Wenn sich das Herz öffnet, erleben wir die Freuden der Geselligkeit und genießen mit Vergnügen das Leben. So entstehen vielfältige Begegnungen, oberflächliche und tiefe. Auch treffen wir Menschen, die so gegensätzlich zum eigenen Wesen sind, wie es mehr nicht geht, als ob wir die Diagonalen des Quadrates gefunden hätten.

Neun der Münzen

Verschärfung des Zu-Falls

Eine wunderbare Zeit ist da. Die Glücksfälle, die Gewinne oder auch die Erkenntnis fallen nur so zu. Die ganze innere Leuchtkraft überstrahlt jeden Schatten. Die Verbindung von Liebe, Weisheit und Kreativität ist in perfekter Harmonie. Aus allem, was getan wird, fließt Gewinn für Körper, Herz, Seele sowie für das Materielle.

TAROT-ALBUM

Fairytale Tarot
Karen Mahony, Irena Třísková und Alexandr Ukolov. 2005. 78 Karten, 78 x 128 mm. ISBN 978-3-89875-872-7 (nur in englischer Sprache erhältlich).

»Die detailgenauen, reich illustrierten Bilder veranschaulichen sowohl die Märchen als auch die Kartenthemen, aber sie bieten noch mehr. Sie geben uns die Möglichkeit, neue Geschichten, neue Bedeutungen zu erschaffen, und das ist ganz sicher etwas Besonderes« *(Rachel Pollack).*
    Dieses Deck greift sowohl bekannte Märchen von Grimm, Andersen u.a. wie Rumpelstilzchen, Aschenputtel, Die Schneekönigin, aber auch unbekanntere Märchen aus dem Orient, Osteuropa und England auf. Karten, die die Fantasie anregen und zum Erzählen der eigenen Geschichte(n) reizen...

Fünf-Minuten-Glücks-Tarot
Brigitte Gärtner, 2004. 78 Karten mit aufgedruckten Kurzdeutungen, 70 x 110 mm, ISBN 978-3-89875-703-4.

Das erste Tarot, bei dem die Bedeutungen gleich auf den Karten erklärt werden. Klar und mit viel Feingefühl werden die wichtigsten Inhalte und Symbole erläutert. Diese Karten sind perfekt für alle, die mit Tarot noch keine oder wenig Erfahrung besitzen. Die Bilder stammen aus dem berühmten TAROT VON A. E. WAITE. Durch das Ziehen bereits einer einzigen Karte zeigt sich die aktuelle Situation klar und deutlich wie in einem Spiegel. Ob als Tageskarte, als Tipp zu einer aktuellen Situation oder als direkter Ratgeber zu einem Problem, es entschlüsselt auf zauberhafte Weise die oftmals verborgenen Zusammenhänge.

The Gilded Tarot
Barbara Moore, 2005. Nur als engl. Set mit Buch und 78 Karten, 70 x 116 mm, ISBN 978-0-7387-0520-9.

Vergoldet sind diese Tarot-Karten nicht im Sinne von Goldschnitt oder Golddruck, wie es etwa auf manchen goldenen Tarot-Decks aus dem Hause Lo Scarabeo bekannt ist, vielmehr handelt es sich um Karten, deren magisch-surreale Bildmotive mit vielen goldfarbenen Elementen auf schwarzem Grund in einem geschmackvollen Goldrahmen um die Motive gedruckt sind. Dadurch gewinnen die Bilder in ihrer Farbigkeit eine erhebende Strahlkraft, die durch entsprechende ‚Highlights' zusätzlich unterstützt wird. Die Motive selbst orientieren sich eindeutig an den aus dem WAITE-TAROT bekannten Bildern, die darüber hinaus in eine mittelalterlich-keltische Szenerie versetzt wurden. Die herausragende Bildgestaltung machte dieses Deck zu Recht zu einem der beliebtesten der letzten Jahre.

Ace of Wands

Six of Wands

The Fool

7 THE CHARIOT

11 JUSTICE

Tarot-Album

Giotto Tarot
Guido Zibordi, 2001. 78 Karten, 66 x 120 mm, ISBN 978-3-933939-94-4.

Dieses Deck steht als Beispiel für eine derzeit vor allem in Italien sehr produktive Tarot-Linie. Moderne Künstler, zumeist aus der Kunstrichtung des Comic stammend, greifen die Malstile alter Meister auf, bringen ihren eigenen Stil mit hinein und so entstehen sogenannte *historisierende* Künstler-Tarots: moderne Decks in einer historisch anmutenden Optik. Weitere, hier nicht abgebildete Beispiel sind etwa das DÜRER TAROT oder das BRUEGEL TAROT. Der große italienische Maler Giotto di Bondone (um 1266 – 1337) hat natürlich nie selbst ein Tarot-Deck geschaffen – das Tarot entstand ja erst gut hundert Jahre nach seinem Tod. Seine innovative Art zu malen korrespondiert aber wunderbar mit der innovativen Kraft, die im Tarot steckt.

Golden Tarot
Kat Black, 2003. 78 Karten mit Goldschnitt, 74 x 122 mm, ISBN 978-3-89875-743-0 (nur in englischer Sprache erhältlich).

Wer die prachtvolle Stülpdeckelbox dieses Tarots öffnet, findet darin eines der schönsten Decks der letzten Jahre: Die Künstlerin kombiniert Bildmotive aus berühmten Gemälden des späten Mittelalters und der frühen Renaissance und stellt sie zu einem prachtvollen Panorama neu zusammen. Der Rundumgoldschnitt der Karten ist da ein zusätzliches ‚Sahnehäubchen'. Dem Deck ist ein 200seitiges Büchlein mit Erklärungen beigelegt. Es ist derzeit nur in englische Sprache erhältlich, was den Tarot-Genuss aber nur marginal behindert.

Golden Dawn Tarot
Robert Wang / Israel Regardie, 1977. 78 Karten, 79 x 129 mm,
ISBN 978-0-913866-16-0.

Der Golden Dawn-Orden (um 1900) steht für eine späte und hohe Entwicklungsstufe der klassischen Esoterik. Er besitzt eine unvergängliche Bedeutung für die Tarot-Geschichte. Von seinen Mitgliedern wurden mehrere bedeutende Tarot-Decks entwickelt. So von Aleister Crowley und Lady Frieda Harris, von Arthur E. Waite und Pamela Colman Smith, von Paul Foster Case und anderen. – Die hier vorgelegten Karten sind keine Originale aus dem Orden, sondern spätere Nachschöpfungen von Robert Wang und Israel Regardie.

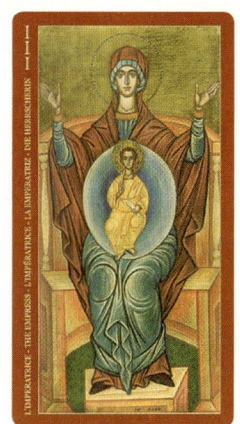
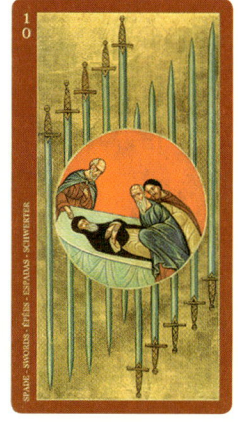

Arbeit
Drei der Steine

Mutter der Kelche im Norden
Königin der Kelche

Die Gerechtigkeit

TAROT-ALBUM 138

Golden Gomera Tarot
Rolf Eichelmann, 2004. 78 Karten, 85 x 128 mm, ISBN 978-3-03819-024-0.

Inspiriert von der Sage um Atlantis und den Mythos, dass das Tarot in eben diesem Atlantis wurzelt, schuf Rolf Eichelmann ab 1995 in Acryltechnik diese Karten, die er nach einer einjährigen Unterbrechung im Jahr 2001 fertigstellte. Um die Bilder für das Deck zu malen, hatte sich Eichelmann auf die Kanareninsel La Gomera zurückgezogen und das Deck daher GOMERA TAROT genannt. Alle Karten – auch die Kleinen Arkana – sind mit Landschaften in warm leuchtenden Tönen reich bebildert. Die prächtige Farbigkeit wird durch den königsblauen Rahmen der Karten vorzüglich betont. Ein wunderschönes Sammlerdeck.

Das goldene Zaren Tarot
Atanas Atanassov, 2002. 78 Karten, 66 x 120 mm, ISBN 978-3-89875-513-9.

Atanassov adaptiert hier den Stil der russischen Ikonenmalerei und stellt Figuren der christlich-orthodoxen Bilderwelt in die Tarot-Symbolik hinein. »Praktisch gesprochen hat Atanassov das Tarot nicht neu interpretiert oder die Ikonen abgeändert, sondern er hat das Tarot an die Ikonen angepasst, indem er die traditionelle Bedeutung der einzelnen Karten mit einem biblischen Thema oder einem Heiligenporträt in Verbindung gebracht hat. Aus dieser die traditionellen Gestalten des Tarot grundlegend verändernden Entscheidung entstehen neue Deutungsmöglichkeiten« *(Giordano Berti)*.
Der prachtvolle Golddruck macht diese Karten zudem zu einem optischen Erlebnis allererster Güte.

Haindl Tarot
Hermann Haindl, 1988. 78 Karten, 79 x 128 mm, ISBN 978-3-7787-8044-2.

Hermann Haindl, der frühere Bühnenbildner an den Frankfurter Städtischen Bühnen, hat in diesen Karten vielfältige Symbolwelten verschmolzen. Die Münzen heißen hier Steine. I Ging-Zeichen sind auf den Karten angegeben. Die Untertitel lassen an die CROWLEY-Karten, manche Bildmotive auch an das MARGARETE PETERSEN TAROT denken. Parzival, Odin, und die Venus von Willendorf treten uns hier überraschend entgegen, ebenso wie Nut, Isis und Osiris, ferner Spider-Woman, White Buffalo Woman, und schließlich Kali, Brahma und Krishna. Dieses Tarot-Deck beeindruckt durch die Fülle der darin verarbeiteten Motive und seine kunsthandwerkliche Stärke.

Tarot-Album

Hanson-Roberts-Tarot
Mary Hanson-Roberts, 1984. 78 Karten, 61 x 100 mm, ISBN 978-0-88079-079-6.

Die Bilder von Waite wurden von Mary Hanson-Roberts zum Teil neugedeutet und auf eigene Art gezeichnet. Manch einer empfiehlt dieses Spiel in Kinderhände. In vielen Jahren der Begegnung mit Tausenden von Tarot-Freunden haben die Autoren dieses Spiel allerdings noch nie in Kinderhänden angetroffen, dafür um so häufiger in Erwachsenenhänden, die glücklich waren, mit diesen Karten noch einmal in eine Märchenwelt eintauchen zu können. Mary Hanson-Roberts gestaltete auch das in pastellfarbigen Aquarellen gemalte UNIVERSAL WAITE TAROT (s. WAITE TAROT).

Hexen Tarot
Fergus Hall und Stuart R. Kaplan, USA 1974 / deutschsprachige Ausgabe 1992. 78 Karten, 70 x110 mm. ISBN 978-3-905017-20-5.

Ein Deck mit besonders ungewöhnlicher Entstehungsgeschichte: Es wurde Anfang der 1970er als Requisit für den James-Bond-Film *Leben und Sterben lassen* von dem schottischen Graphiker Fergus Hall geschaffen. Für diesen Auftrag hatte er einen berühmten Konkurrenten: Salvador Dalí – den Zuschlag erhielt aber Fergus Hall (Dalí schuf dennoch sein Deck, welches später noch viel berühmter wurde; siehe DALÍ TAROT). Das HEXEN TAROT mit seinen nostalgisch anmutenden Figuren in futuristischer Umgebung zeigt tiefsinnige und gleichnishafte Bilder mit humorvollen Untertönen. Aus den bunten und kraftvollen Farben dieses Decks weht dem Betrachter zugleich eine sinnenfrohe Lebensfreude entgegen.

Indianer Tarot
Sergio Tisselli, 2004. 78 Karten, 66 x 120 mm, ISBN 978-3-89875-667-9.

»Jedes Ding auf der Welt lebt, hat eine eigene Seele. Der Himmel hat eine Seele, die Wolken haben eine Seele, die Sonne und der Mond haben eine eigene Seele. Dasselbe gilt für die Tiere, die Bäume, das Gras, das Wasser, die Steine. Alles. Diese Seelen sind unsere Götter.« *(Edward Goodbird; Hidsata-Indianer)*

Die Macht der Mythen der nordamerikanischen Indianervölker wird hier in ebenso zarten wie kraftvollen Aquarell-Bildern mit den Themen des europäischen Tarot verbunden. Ein ›Muss‹ nicht nur für Indianer-Fans.

Tarot-Album

Kristall Tarot
Elisabetta Trevisan, 1986. 78 Karten, 66 x 120 mm, ISBN 978-3-927808-69-5.

Ein Erfolgs-Tarot aus dem Hause Lo Scarabeo, dem zeitgenössischen Fachverlag für Tarot-Karten und Tarot-Kunst in Italien. «I Tarocchi di Vetro» – das Glas-Tarot – lautet der italienische Originaltitel. Elisabetta Trevisan hat die Vorlagen hinter Glas gemalt und dabei erstaunliche Bilder geschaffen, die filigrane Details, starke Szenen und Figuren beinhalten und zugleich oft die Gestalt und die Kraft eines Mandalas besitzen. Eindeutig vom Jugendstil geprägt leben die Karten von der ungeheuren Farbdynamik und dem Schwung der Linien. Wer die Darstellungsweise des Crowley Tarot, des Dante Tarot oder des Liber T Tarot liebt, wird an diesen Bildern seine Freude haben.

Labyrinth Tarot
Luis Royo, 2005. 78 Karten, 66 x 110 mm, ISBN 978-3-89875-773-7.

Dieses zweite Deck des berühmten spanischen Comic-Künstlers Luis Royo nach dem Black Tarot zeigt Bildmotive einer kraftvollen Mythenwelt. Es kann ebenso wie sein Vorgänger sowohl in die (hier gemäßigte) Gothic-Gruppe, als auch in die Gruppe der erotischen Tarots gestellt werden.

Aufgrund der Fülle der feinen Details mag man sich zuweilen zwar ein größeres Format für diese Karten wünschen, doch auch so wirken die Motive in doppelter Hinsicht ausgesprochen anregend. In der Struktur hält Royo sich wie schon beim Black Tarot an den klassischen Aufbau, das heißt, die Kleinen Arkana zeigen bis auf die Hofkarten keine Bildmotive, sondern die entsprechende Anzahl Kelche, Schwerter, Stäbe oder Münzen.

Lenormand Tarot
Ernest Fitzpatrick. 2006. 78 Karten, 66 x 120 mm. ISBN 978-3-89875-809-3.

»Ein Lenormand-Tarot? Das kann doch gar nicht sein«, werden erfahrene Tarot-Freunde jetzt sagen. Ein Tarot-Deck hat doch 78 Karten, während das Lenormand-Deck aus nur 36 Karten besteht. Genau das ist aber der Clou bei diesem Kartendeck. Ernest Fitzpatrick hat die erfolgreichen Lenormand-Decks in die Sprache des Tarot übersetzt und zusätzlich 42 neue Motive geschaffen, die in ihrer Bildgestaltung zunächst simpel erscheinen, aber äußerst raffiniert sind. Für viele Menschen können diese Karten erstmals den Schritt vom Lenormand-Orakel in die vielfältige Symbolwelt des Tarot erleichtern. Dieses Deck ist ein Bestseller, nicht zuletzt, weil es Traditionsbewusstsein mit den Anforderungen an eine vielschichtige und dynamische Kartenlegung verbindet.

Tarot-Album

Liber T Tarot
Andrea Serio / Roberto Negrini, 2004. 78 Karten, 66 x 120 mm, ISBN 978-3-89875-634-1.

Eine faszinierende Neuschöpfung, ganz dem Mythos CROWLEY TAROT gewidmet. Andrea Serio, Schöpfer des DANTE TAROT, gestaltete in Zusammenarbeit mit italienischen Crowley-Spezialisten ein Deck von bleibendem Wert. Die ausdrucksstarken Zeichnungen variieren und erneuern die Bilder aus dem Tarot von Aleister Crowley und Lady Frieda Harris. Die 22 Großen Karten sind direkte Repliken der berühmten Vorlage, während viele der kleinen Arkana eigene Wege gehen und Bildideen aus dem CROWLEY TAROT weiterentwickeln. LIBER T (für Tarot) war im Übrigen die Bezeichnung für das interne Tarot-Buch des Golden Dawn Ordens.

Manara Tarot
Milo Manara, 2000. 78 Karten, ISBN 978-3-933939-68-5 (Standardgröße 66 x 120 mm) oder ISBN 978-3-89875-824-6 (Mini 44 x 80 mm).

Einer der Klassiker des erotischen Tarot und gleichzeitig auch eines der populärsten seiner Art. Milo Manara ist ein weltberühmter Comic-Zeichner, der sich gerade mit dieser speziellen Darstellungsform einen Namen gemacht hat. Wenn auch prinzipiell mit jedem Tarot-Deck erotische Fragestellungen behandelt werden können, so bietet sich dazu ein explizit erotisches Deck wie dieses besonders an. Anregung für Geist und Körper... Neben dem erotischen haben diese Karten auch einen astrologischen Aspekt, denn alle Karten werden den Zeichen des Tierkreises bzw. bestimmten Planeten zugeordnet.

Manga Tarot
Anna Lazzarini, 2006. 78 Karten, 66 x 120 mm, ISBN 978-3-89875-808-6.

Die moderne japanische Comic-Kunstform der Mangas trifft heute auch in Europa auf ein riesiges Interesse, insbesondere bei jüngeren Menschen. So war es nur eine Frage der Zeit, bis auch in die moderne Tarot-Gestaltung, die ohnehin derzeit sehr stark von Comic-Künstlern bestimmt wird, dieser Darstellungsstil Einzug hielt. Die vier Reihen der Kleinen Arkana sind zusätzlich zu den klassischen Kelch-, Schwerter-, Stäbe- und Münzen-Symbolen jeweils mit einer dominanten Farbe hervorgehoben und tragen zudem jeweils eine japanische Glyphe, welche eine der vier Jahreszeiten symbolisiert. Dieses spannende Deck, welches die asiatische, speziell die japanische Vorstellungswelt mit der europäischen Tarot-Symbolik verknüpft, zeigt noch weitere Besonderheiten, die eine entdeckungsreiche Beschäftigung mit diesen Karten lohnt.

Tarot-Album

Marseille, Tarot de
Verschiedene Varianten und Kartengrößen.

Um 1500, wenige Jahrzehnte nach den ersten italienischen Tarot-Karten, entstand in Südfrankreich das »Marseiller Tarot«. Es existiert in unzähligen, nahezu identischen Varianten, deren Unterschiede vor allem die Spielkartenforschung interessieren. Für Meditationen, Bildvergleiche und Tarot-Studien sollte auch in jeder privaten Tarot-Sammlung zumindest eine Ausgabe des TAROT DE MARSEILLE vorhanden sein. Die heutige Verbreitung und Anwendung des Tarot ist zwar ein Kind des späten 20. Jahrhunderts. Dennoch ist es nicht unerheblich, die Vorgeschichte zu kennen, die mit dem TAROT DE MARSEILLE untrennbar verbunden ist.

Morgan Greer Tarot
Bill F. Greer / Lloyd Morgan, 1979. 78 Karten, 70 x 120 mm,
ISBN 978-3-905017-19-9.

Auf den ersten Blick eine farbenprächtige Cover-Version des WAITE TAROT. Auf den zweiten Blick Bildelemente, die nicht dem WAITE TAROT, sondern dem BOTA TAROT (hier nicht abgebildet) entspringen. Im dritten Eindruck entpuppen sich viele Bilder des MORGAN GREER TAROT als Ausschnittsvergrößerungen des WAITE-TAROT. Obwohl schon nicht mehr ein direktes Produkt der Hippie-Zeiten, so strahlen die Karten durch ihre Farbigkeit ein buntes Lebensgefühl aus, das unbelastet von Trends und Modeerscheinungen bis heute seine Popularität besitzt.

Motherpeace Tarot
Karen Vogel / Vicki Noble, 1981. 78 runde Karten, zwei Größen,
ISBN 978-3-905017-22-9.

Dieses Deck und das DAUGHTERS OF THE MOON TAROT (hier nicht abgebildet) – beide mit kreisrunden Karten und beide in der Frauenbewegung Kaliforniens daheim – haben Maßstäbe für eine feministisch orientierte Spiritualität gesetzt! Männliche Figuren sind hier allerdings kein Tabu. Die Hofkarten heißen Schamanin, Priesterin, Sohn und Tochter. Zum archaisch-einfachen Stil der Zeichnungen ist oft die Frage gestellt worden, ob dies »Kunst« sei. Doch das geht an der Wirkung dieser Karten vorbei. «Jene Raffinesse des Einfachen, die sowohl an Höhlenzeichnungen wie an der Graffiti-Kunst zu bewundern ist, sie finden wir auch hier« *(Eckhard Graf).*

Tarot-Album

Der Mythen-Tarot
Voenix, 2006. Set mit Buch und 78 Karten, 70 x 120 mm,
ISBN 978-3-03819-096-7.

Mythen und Tarot: Zwei faszinierende Welten verschmelzen zu einer. Kraftvoll, erotisch, mystisch verzaubernd, aufwühlend und sanft verbindet Voenix die Seelenbilder der Völker mit der Struktur des Tarot. Die erotischen Sagenwelten der Kelten, des klassischen Griechenlands und des Nordens fließen hier zu einem ebenso außergewöhnlichen wie anspruchsvollen Deck zusammen. Eine faszinierende Reise zu den Urbildern der Seele. Im umfangreichen Handbuch (fast 400 Seiten) werden die jeweiligen Mythen bilderreich nachgezeichnet und zudem mit psychologisch fundierten Deutungen und Interpretationen zu bestimmten Lebensbereichen (Beruf, Beziehung etc.) versehen.

Osho Zen Tarot
Ma Deva Padma (Susan Morgan), 1994. 79 Karten, 74 x 109 mm,
ISBN 978-3-905017-84-7.

Hervorragende Bildideen: Der Ritter der Kelche (hier *Ritter des Wassers* genannt) zum Beispiel wird dargestellt als ein »Bungee-Springer ohne Seil« (»Vertrauen«). Die Karte zeigt einen Menschen im freien Fall, der gewollt und bewußt gestaltet wird: Ein freies Fliegen. Das trifft nicht alle traditionellen Bedeutungen des Kelch-Ritters, jedoch die wesentlichen! Allerdings werden unkritisch einige Untertitel aus dem CROWLEY-TAROT übernommen (z. B. *Unterdrückung* bei den Zehn Stäben). Die Münzen oder Pentakel heißen hier Regenbogen. Dieses Spiel ist auf dem Weg zum modernen Tarot-Klassiker.

Margarete Petersen-Tarot
Margarete Petersen, 2001 / 2. veränderte Aufl. 2004, 95 x 140 mm,
ISBN 978-3-89875-627-3.

Ein Meilenstein in der Tarot-Geschichte, Augenweide und Publikumserfolg: »Mit diesen Karten fängt eine neue Ära an!« *(Luisa Francia)*. Wie nur wenige andere Künstlerinnen hat Margarete Petersen die Entwicklung der Tarot-Landschaft im deutschsprachigen Raum mitgestaltet und beeinflußt. In 22 Jahren, von 1979 – 2001, schuf sie ihre Version des Tarot: »... ein Weg, den ich nicht geplant habe, sondern es ist geschehen oder besser gewachsen«, notiert die Künstlerin, »ein unsystematisches, scheinbar chaotisches Vorgehen, wobei ich mich einzig auf meine Träume verlassen habe«.

Tarot-Album

Tarot of Prague
Karen Mahony und Alexandr Ukolov. 2003/04. 78 Karten, 78 x 128 mm.
ISBN 978-3-89875-871-0 (nur in englischer Sprache erhältlich).

Von diesem Deck geht ein ebenso eigenartiger wie faszinierender Zauber aus – ein Zauber, dem sich auch der aufmerksame Prag-Tourist nicht entziehen kann, wenn er durch die alten Gassen um den Hradschin flaniert. Dieses Deck verbindet in Fotocollagen Bilder der Goldenen Stadt an der Moldau zu ganz eigener Sinnhaftigkeit. Häuser, Straßen, Wandbilder, Statuen, Manuskripte und Zeichnungen erzählen so neu kombiniert märchenhafte Geschichten voller Kunst und Esoterik. Auch das Okkulte wird nicht ausgespart – es gehört zu dieser Stadt, durch deren Gassen noch immer der Golem schleicht. Ein wahrhaft barockes Deck in jeder Hinsicht!

Primavera Tarot
Antonella Castelli, 1998. 78 Karten, ISBN 978-3-933939-21-0
(Standardgröße 66 x 120 mm) / ISBN 978-3-89875-596-2 (Mini 44 x 80 mm).

Dieses in Aquarelltechnik gestaltete Deck lebt von beschwingter Heiterkeit und symbolischer Tiefe zugleich. Die junge italienische Graphikerin hat sich von der Jugendstil-Plakatkunst Alphonse Muchas inspirieren lassen, an dessen Sarah Bernardt-Plakate viele Bilder erinnern. Zusätzlich zur klassischen Tarot-Symbolik tritt hier die Symbolik der Blumen sehr in den Vordergrund. Wie sehr Castelli die Blumensprache beherrscht, zeigt etwa auch das von ihr gestaltete BLUMENELFEN TAROT. Und von der zarten, aber prickelnden Erotik dieses Decks lassen Sie sich lieber selbst verführen...

The Quest Tarot
Joseph Ernest Martin, 2003. Nur als engl. Set mit Buch und 80 Karten, 70 x 116 mm, ISBN 978-0-7387-0195-0.

Ein Tarot-Deck mit verblüffend echt und fantastisch wirkenden Bildmotiven von ungeheurer Raumtiefe und surrealer Kraft, welche komplett mit neuester 3D-Technik am Computer entstand. Die Motive basieren mit Abweichungen (z. B. sind die »Münzen« durch »Steine« ersetzt) auf der klassischen Darstellung, erweitern diese aber und geben ihnen eine neue Dimension. Aspekte aus Astrologie, Kabbalistik, Runen und I Ging fließen inhaltlich und motivisch ein. Als kleiner Gag sind auf vielen Karten Ufos versteckt. Diese teilweise wirklich atemberaubenden Karten können wunderbar als Kristallisationspunkte der eigenen Suche und des Strebens nach höherem Bewusstsein fungieren.

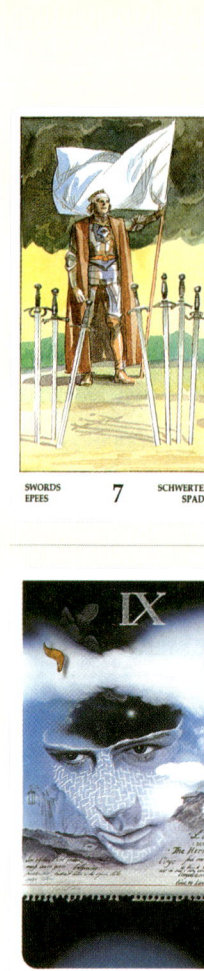

| SWORDS | | SCHWERTER | CHALICES | | KELCHE | THE EMPRESS | | DIE HERRSCHERIN |
| EPEES | 7 | SPADE | COUPES | 4 | COPPE | L'IMPERATRICE | III | L'IMPERATRICE |

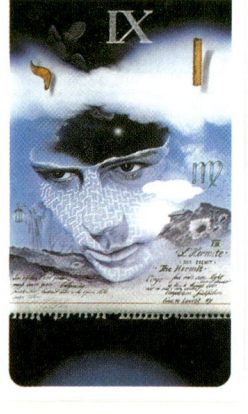
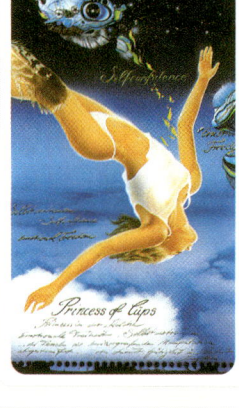

Tarot-Album

Renaissance Tarot
Verschiedene Ausgaben.

Die italienische Renaissance ist die Quelle des Tarot. In Mailand und Bologna entstanden zwischen 1430 und 1460 die ersten Tarot-Karten (s. Visconti Tarot oder auch Das Goldene Renaissance Tarot, Mantegna tarot, letztere hier o. Abb.). In der Literatur werden diese ersten Tarot-Karten mitunter als *Renaissance Tarot* bezeichnet Zum anderen gibt es eine Reihe heutiger Tarot-Ausgaben, die den Stil alter Renaissance-Karten nachahmen. Und schließlich werden weitere Tarot-Sorten angeboten, die in den letzten Jahren entstanden sind und Renaissance-Motive aus der Sicht heutiger Künstler darstellen. Die Abbildungen stammen aus dem Renaissance Tarot von Giorgio Trevisan (1995), das der letzteren Gruppe zugehört.

Röhrig Tarot
Carl-W. Röhrig, 1993 / 2007. 78 Karten im Großformat 90 x 163 mm, ISBN 978-3-89875-855-0.

Carl-W. Röhrig gehört zu den großen deutschen Gegenwartskünstlern. Seine Tarot-Karten voller räumlicher Tiefe bestechen durch ihren extravaganten, surrealistischen Stil und ihr phantasievolles Spiel mit Zeichen und Formen. Das Röhrig Tarot ist neben dem Dalí-, dem Niki de St. Phalle- und dem Margarete Petersen-Tarot eines der bedeutenden Künstlerdecks.

Shapeshifter Tarot
D. J. Conway / Sirona Knight und Lisa Hunt, 1998. Nur als engl. Set mit Buch 78 Karten, 70 x 116 mm, ISBN 978-1-56718.384-9.

Shapeshifter, Gestaltwandler, spielen in der keltischen Mythologie und der darauf basierenden Fantasy-Literatur eine wichtige Rolle. Gestaltwandler sind magisch begabte Menschen, die sich bei Bedarf in ein Tier, eine Pflanze oder einen Stein verwandeln und so eine ganz andere Wahrnehmung erzielen können. So ist auch dieses Deck angelegt: Die Welt einmal mit anderen Augen zu sehen, um den eigenen Horizont zu erweitern, das eigene Bewusstsein zu vertiefen und sich insgesamt auf eine höhere Ebene zu transformieren. In zarten Pastellfarben gemalte Gestaltwandler aus der Anderswelt begleiten und unterstützen uns dabei auf zauberhaft leichtfüßige Weise.

Tarot-Album

Sola Busca Tarot
15./16. Jhd., Neuausgabe 1996. 78 Karten, 66 x 12 mm, ISBN 978-3-927808-87-4

Neben dem VISCONTI TAROT als historisch faktisch erstem überliefertem Tarot-Deck ist dieses zweifelsohne eines der wichtigsten historischen und wohl am meisten unterschätzten Tarot-Decks! Das SOLA BUSCA TAROT ist aus mehreren Gründen berühmt: Es war, soweit bekannt, das einzige historische Tarot, das in Metall graviert wurde. Dann ist es *das einzige Deck aus dieser Zeit, welches komplett* überliefert ist. Von besonderer Wichtigkeit für die moderne Symboldeutung im Tarot sind die Karten, weil sie bei den kleinen Arkana (!) fast durchgängig Bildszenen zeigen. Für Pamela Colman Smith und Arthur E. Waite waren sie eines der wenigen historischen Vorbilder für die Bebilderung der kleinen Arkana! Ihr Einfluss ist im WAITE-TAROT erkennbar.

Teen Witch Tarot
Antonella Platano / Laura Tuan, 2003. 78 Karten, ISBN 978-3-89875-592-4 (Standardgröße 66 x 120 mm) / ISBN 978-3-89875-716-4 (Mini 44 x 80 mm).

Dieses junge und frische Deck greift das Lebensgefühl junger Hexen auf und bringt in comicartigem Stil Szenen und Motive aus dem Leben einer Teen Witch auf die Karten. Ein Deck, das (nicht nur) junge Frauen anspricht, die ihre ‚Hexenseiten' an sich entdecken und entwickeln wollen: »Von merkwürdigen Beschwörungen oder aufwendigen Requisiten halten wir nicht viel. Das ist doch meistens eher peinlich. Für uns zählt, was wir erleben: Gefühle und Leben. Die positiven Möglichkeiten austesten. An eigenen Zielen arbeiten. Und feiern, daß wir da sind« (aus dem Begleitbuch von Sanja Burg und Ann Rosner).

Vice Versa Tarot
Pietro Alligo / Raul und Gianluca Cestao, 2003. 78 Karten, ISBN 978-3-89875-542-9 (Standardgröße 66 x 120 mm) / ISBN 978-3-89875-600-6 (Mini 44 x 80 mm).

Was könnte man finden, wenn man einmal hinter die Figuren und Tableaus der Bilder des WAITE TAROT schauen könnte, und was könnte man sehen, wenn man die Welt mit den Augen dieser Figuren sähe? Diese Fragen veranlassten die Autoren zu einem neuen Kartenspiel mit wechselnden Sichtweisen und Variationen. Nach einer Idee von Johannes Fiebig greifen sie viele der bekannten Waite-Motive auf und drehen die Optik quasi um. So eröffnen sich spannende neue Rückansichten, Aussichten und Blickrichtungen.

King of Cups

Three of Wands

The Sun

Wachstum

Zehn der Stäbe

XI

Stärke

Tarot-Album

Victorian Romantic Tarot
Karen Mahony und Alexandr Ukolov. 2006. 78 Karten, 78 x 128 mm.
ISBN 978-3-89875-869-7 (nur in englischer Sprache erhältlich).

Alexandr Ukolov hat hier Bildmotive von Gemälden und Stichen der viktorianischen Epoche ausgewählt. Einige der Vorbilder empfehlen sich aufgrund des ihnen immanenten Symbolismus zur Nutzung für die eine oder andere Karte und konnten unverändert übernommen werden (z. B. Teufel, Hohepriesterin, Eremit). Andere Motive gewinnen ihre Kraft durch zum Teil verblüffende Neukombinationen. Die Kleinen Arkana zeigen Alltagsszenen, kleine Leute in ihren Häusern, Straßen und Gärten. Die Hofkarten werden mit Rittern, Königen und Königinnen vergangener Jahrhunderte dargestellt – alles im Stil der Symbolisten, Nazarener und Präraphaeliten. Ein wirklich wunderschönes Deck!

Visconti Tarot / Visconti Sforza Tarot
Um 1432. 78 Karten, verschiedene Ausgaben, z.B. hier abgebildet ISBN 978-3-927808-68-3 (Standard 66 x 120 mm) / ISBN 978-3-89875-670-9 (Mini 44 x 80 mm).
o. Abb. Visconti Sforza Tarot ISBN 978-3-905017-50-2 (Großformat 92 x 177 mm)

Zwischen 1430 und 1460 entstanden in Oberitalien, namentlich in Mailand, Ferrara und Bologna, die ersten Tarot-Karten. Sie wurden im Auftrag kunstbeflissener Patrizier (Visconti) hergestellt. Es gibt nicht mehr als rund ein Dutzend dieser ursprünglichen Tarocchi, denen erst Jahrzehnte später die ersten Karten des Marseiller Tarot folgten. Während die Originalkarten in Museen lagern, sind verschiedene Reprints (Nachdrucke) im Spielkartenformat erhältlich. Die Abbildungen stammen aus der sehr schönen, mit Goldfolie bedruckten Version, die unter dem Namen »Visconti Tarot« im Handel erhältlich ist.

Voyager Tarot
Jim Wanless / Ken Knutson, 1985. 78 Karten, 95 x 140 mm.
ISBN 978-3-933939-12-8.

Eines der großen modernen Tarot-Spiele der Welt. Sein Stil ist unvergleichlich. Jede Karte besteht aus unzähligen Bildern, Fotos und Grafiken, die zu einer wirkungsvollen Collage montiert sind – ein Feuerwerk fürs Auge. Wie ein farbenprächtiges Kaleidoskop vermitteln diese Karten sinnliche Sensationen und eine bemerkenswerte Beruhigung und Befriedigung. Manche fühlen sich an die Pracht und die optische Sättigung der ersten farbigen Hitchcock-Filme erinnert. Andere vergleichen diese Karten mit psychedelischen Trips und Filmen der Hippie-Zeit. Und in diesem Tarot steckt noch mehr.

Der Gehängte

Der Eremit

IX

Page der Kessel

Die Liebenden
VI

As der Stäbe

CAV. DI COPPE
SEDUCTION — LA SEDUCTION
DIE VERLEITUNG — LA SEDUCCION

IL MONDO
THE WORLD — LE MONDE
DIE WELT — EL MUNDO
XXI

CONSTANCY — LA CONSTANCE
DIE STETIGKEIT — LA CONSTANCIA

Tarot-Album

Waite-Tarot / Rider-Tarot / Rider-Waite-Tarot
Arthur E. Waite / Pamela Colman Smith, 1909. 78 Karten, div. Größen
Varianten: Universal Waite-Tarot (ISBN 978-3-03819-004-2), Anraths-Waite-Tarot
(ISBN 978-3-89875-796-6).

Das Tarot von Arthur E. Waite und Pamela Colman Smith entstand aus der Tradition der klassischen Esoterik und hob zugleich die zuvor üblichen Darstellungsformen auf. Seine Urheber haben zum ersten Mal in der Tarot-Geschichte Bildszenen für *alle* Kleinen Arkana geschaffen (tatsächlich gab es allerdings ein historisches Vorbild – siehe SOLA BUSCA TAROT). Viele Karten bekamen erstmals ein Gesicht! Seitdem spielen nicht nur Überlegungen und Vorstellungen in der Kartenbetrachtung eine Rolle. Hinzu gekommen ist die eigene sinnliche Anschauung, die einen *erfahrbaren* und persönlich *überprüfbaren* Anhaltspunkt in die Interpretation der Karten einführt.

Tarot der weisen Frauen
Howard Rodway / Sylvia Gainsford, 1990. 78 Karten, 70 x 120 mm.
ISBN 978-3-905021-34-9.

Auch als *Tarot des Alten Weges* bekannt, basiert dieses Deck auf dem tradierten Wissen des Wicca-Kultes. In Zusammenarbeit mit acht eingeweihten Wicca-Hexen aus Großbritannien und den USA haben Silvia Gainsford (Bildgestaltung; Mitglied der *Fellowship of Isis*), und Howard Rodway (Texte) dieses ebenso mediale wie sensitive Deck geschaffen. Die Titel der Karten weichen teilweise vom klassischen Muster ab (IX-Eremit heißt hier etwa Der Weise, XII-Der Gehängte hier Der Einsame; die Kelche sind hier Kessel, die Münzen Pentagramme), korrespondieren aber treffend mit den Symbolen der Wicca-Tradition. Durch Einbeziehung der Sprache der Blumen gelang es, eine weitere Deutungs-Dimension zuzufügen.

Zwergen Tarot
Antonio Lupatelli, 1987. 78 Karten. ISBN 978-3-933939-71-3
(Standard 66 x 120 mm), ISBN 978-3-89875-715-7 (Mini 44 x 80 mm) – auch
als **Kleinstes Tarot der Welt**
Antonio Lupatelli, 1987. 22 Miniaturkarten, 14 x 22 mm. ISBN 978-3-927808-67-6.

Ein originelles und humorvolles Tarot, das große und kleine Tarot-Freunde anspricht. Liebevolle Zeichnungen zeigen die Welt der Wichtel, Gnome und Zwerge. Es gibt diese Karten in der Größe üblicher Spielkarten, aber auch im »Original-Zwergenformat« als KLEINSTES TAROT DER WELT. Man hat seinen Spaß daran, unabhängig davon, ob man an Tarot oder einfach an diesen Karten als einem beweglichen Bilderbuch interessiert ist. Für Tarot-Kenner eröffnen sich zusätzlich lustvolle Interpretationsideen.

Quellen / Literaturhinweise

1. Vgl. Stefan Zweig: Sternstunden der Menschheit. Leipzig 1929. – Eric Hobsbawn: Das Zeitalter der Extreme. Weltgeschichte des 20. Jahrhunderts. München 1998.
2. Ausführlich zu weiteren Varianten der Persönlichkeitskarte, zu Stress- und Glückskarten: Evelin Bürger / Johannes Fiebig: Das große Buch der Tarot-Legemuster. Krummwisch 2002 / als Heyne-Taschenbuch München 2007, S. 26 ff., 88f., 190, 217.
3. Evelin Bürger / Johannes Fiebig: Tarot für Einsteiger. Krummwisch 1994/2004 / als Heyne-Taschenbuch München 2006, dort S. 47.
4. Magdalene Magirius: Höhendrang und Himmelssehnsucht - Der Turm als symbolische Form, im Internet unter http://www.kunst-basis.org/index.html?http%3A//www.kunst-basis.org/texte/himmelsdrang.htm
5. Francesco Petrarca: Brief an Francesco Dionigi, in: Karl Heinrich Waggerl (Hg.): Der Berg - Landschaft als Erlebnis. München 1957. – Vgl. M. Magirius, wie Fußnote 4.
6. Europäische Märchengesellschaft / Ingrid Jacobsen / Harlinda Lox (Hg.): Der Turm zu den Sternen. Märchen. Krummwisch 2007.

Bildquellennachweis

Wir danken den Verlagen für die freundliche Abdruckgenehmigung:
AGM AGMüller, Neuhausen/Schweiz und O.T.O., Austin/Texas: Crowley-Tarot. - **Ansata, München**: Haindl-Tarot. - **Destiny Books, Rochester/Vermont:** Cosmic tribe Tarot. - **Königsfurt-Urania, Krummwisch, und AGM AGMüller, Neuhausen/Schweiz:** Edelstein Tarot / 5-Minuten-Glücks-Tarot / Golden Gomera Tarot / Hexen Tarot / Morgan Greer Tarot / Motherpeace Tarot / Der Mythen Tarot / Osho Zen Tarot / Margarete Petersen Tarot / Primavera Tarot / Renaissance Tarot / Röhrig Tarot / Visconti Sforza Tarot / Voyager Tarot / Waite-Tarot und Rider-Waite-Tarot / Tarot der weisen Frauen. - **Llewellyn, Woodbury/Minnesota:** The Gilded Tarot / The Quest Tarot / Shapeshifter Tarot. - **Lo Scarabeo, Turin/Italien:** Ramses Tarot der Ewigkeit / Altägyptisches Tarot / Altes italienisches Tarot / Blumenelfen Tarot / Bosch Tarot / Dante Tarot / Da Vinci Tarot / Decamerone Tarot / Tarot der Drachen / Elfenzauber Tarot / Etruskisches Tarot / Giotto Tarot / Das goldene Zaren Tarot / Indianer Tarot / Kristall Tarot / Lenormand Tarot / Liber T Tarot / Manara Tarot / Manga Tarot / Sola Busca Tarot / Teen Witch Tarot / Vice Versa Tarot / Visconti Tarot / Zwergen Tarot / Kleinstes Tarot der Welt. - **Magic Realist Press, Prag/Tschechien:** Fairytale Tarot / Tarot of Prague / Victorian Romantic Tarot. - **Naipes Comas, Barcelona/Spanien und Königsfurt:** Dalí-Tarot. - **Naipes H. Fournier, Vitoria/Spanien:** Ägyptisches Tarot / Black Tarot / Labyrinth Tarot / Tarot de Marseille. - **US Games Systems, Stamford/Conneticut:** Golden Tarot / Golden Dawn Tarot / Hanson-Roberts-Tarot.

Die Tarot-Karten sind urheberrechtlich geschützt.
Weitere Reproduktionen sind nicht gestattet.